BAMBINI E (

Jirina Prekop

DORMI, DORMI, BAMBINO MIO

ARMANDO
EDITORE

PREKOP, Jrina
Dormi, dormi bambino mio / di Jirina Prekop ;
Roma : Armando, © 2004
112 p. ; 22 cm. – (Bambini e genitori)

ISBN 88-8358-604-2

1. Bambini 2. Sonno, Problemi del 3. Psicologia

CDD 158

Titolo originale:
Schlaf Kindlein, verflixt noch mal! So können Sie und Ihr kind ruhig Schlafen

© 2001 Kösel-Verlag GmbH & Co., München

Traduzione di Marco Scaldini

© 2004 Armando Armando s.r.l.
Viale Trastevere, 236 - 00153 Roma
Direzione - Ufficio Stampa 06/5894525
Direzione editoriale e Redazione 06/5817245
Amministrazione - Ufficio Abbonamenti 06/5806420
Fax 06/5818564
Internet: http://www.armando.it
E-Mail: redazione@armando.it ; segreteria@armando.it

20-00-059

I diritti di traduzione, di riproduzione e di adattamento, totale o parziale, con qualsiasi mezzo (compresi i microfilm e le copie fotostatiche), in lingua italiana, sono riservati per tutti i paesi.

L'editore potrà concedere a pagamento l'autorizzazione a riprodurre una porzione non superiore a un decimo del presente volume. Le richieste di riproduzione vanno inoltrate a: Associazione Italiana per i Diritti di Riproduzione delle Opere dell'ingegno (AIDRO), Via delle Erbe 2, 20121 Milano, tel. e fax 02/809506.

Sommario

Nota del traduttore 6

Prologo: il dramma in camera da letto 7

Premessa 13

Il bambino ha bisogno di sicurezza per dormire 16
La differenza tra sicurezza e rifugio 19
Il segreto di un buon sonno 20

Il sonno protetto presso le popolazioni che hanno ancora usanze antiche 22
L'involucro 23
Il ritmo 30
La sicurezza del luogo 34
La madre sicura 34

La gabbia sicura nell'epoca tecnologica 36
I vantaggi 44
Gli svantaggi 46

Né sicurezza né rifugio – il bambino di oggi 50
Ciò che, nonostante le migliori intenzioni, si tralascia imitando la cura dei bambini tradizionale 52
Le conseguenze per il bambino e i genitori 55

Raccomandazioni sicure 68
Come acquisire una maggiore sicurezza di sé 68

Non prendetevela, anche quando commettete degli errori 71
Affidatevi a un unico consulente 72
Il lieto fine del «Dramma in camera da letto» 73
Dove la consulenza non arriva, serve la terapia 75
Come terminare l'allattamento 77
Come far staccare il bambino dalla madre 78

Quando provvedere all'involucro e al luogo sicuro 81
L'involucro 81
Il luogo sicuro 83
Come dare un ordine attraverso il ritmo alle energie vitali 86
Cullare, dondolare, accarezzare, massaggiare, cantare... 87
Addormentarsi 88
Dormire senza mai svegliarsi 90
Non collegate mai il bere con il dormire! 91

Date un ordine all'alternanza di giorno e notte e al corso della giornata 100

Alcuni consigli per la soluzione dei disturbi del sonno nei bambini più grandi 103

Bibliografia 107

Nota del traduttore

Una parola chiave del testo è *Geborgenheit* "rifugio", la quale in tedesco non indica però qualcosa di concreto, bensì esprime un concetto astratto che è possibile rendere in italiano solo con una perifrasi, ovvero "il senso di trovarsi al sicuro in un rifugio". Ovviamente non si poteva appesantire la traduzione ricorrendo ogni volta a un'espressione simile, data l'alta frequenza con cui essa compare nel testo, per cui si è tradotto semplicemente con "rifugio".

Prologo: il dramma in camera da letto

Preludio

«Dormi bambino, maledizione!...». È probabile che conosciate bene questo penoso controsenso. «Il mio bambino, che amo più di me stessa, come vorrei sbatterlo con la testa contro il muro!».

Vi afferra un insopportabile senso di colpa: che razza di madre sono, che vorrei uccidere mio figlio? Come posso solo pensare di sbatterlo contro il muro o di gettarlo dalla finestra? Che pensieri terribili, non solo per una madre, ma per qualunque persona. Sognavo una famiglia felice e invece...

Atto primo

I due giovani genitori guardano, teneramente abbracciati, il loro bambino dolcemente addormentato. Che spettacolo estasiante, e con quale gioia abbiamo girato di negozio in negozio per scegliere questa deliziosa biancheria con le pecorelle che saltano e questo accogliente lettino! E tutti ci auguravano ogni felicità e davvero non siamo mai stati così felici nel nostro matrimonio. Il frutto del nostro amore dorme, immerso nei suoi sogni celestiali...

Atto secondo

... Ma, ahimè, che caduta improvvisa dal Paradiso all'Inferno. Il bambino non vuole addormentarsi e neppure se ne sta quieto a osservare le pecorelle sul lenzuolino. Al contrario, urla in continuazione, come se lo avessero infilzato. Non può trattarsi né di malattia né di fame: «Tutto benissimo», ha detto il pediatra e il pasto serale è stato divorato con appetito. Durante il bagnetto strillava di gioia, poi ha giocato con il babbo e dopo si è gustato le coccole della mamma. Però, eccolo qui che urla a pieni polmoni prima ancora di aver visto il lettino; come se avesse gli occhi dietro, sa perfettamente che ora si tratta di andare a letto. Un ciuccio non lo inganna di certo e lo sputa subito per poter spalancare la bocca al massimo, così che i suoi urli coprono il suono del carillon con la ninnananna di Mozart o il CD con la musica per addormentarsi. Sembra anzi che quest'ultima gli serva da stimolo per sempre nuovi strilli.

Seguendo i consigli della nonna, il lettino viene cullato avanti e indietro, un rimedio che per qualche tempo ha avuto effetto ma che ora, per quanto intensamente si scuota il letto, non ottiene più nulla. «Mai prenderlo in braccio – ammonisce la nonna – altrimenti non riuscirete più a staccarvelo di dosso!».

Anche l'altra nonna era di parere simile, avendo allevato parecchi bambini. «Forse è un po' d'aria», dice lei, perché nel dormire la pancina piena preme sui polmoni. In questo caso si può tirar su il bambino e dargli delle pacchine sulla schiena finché non fa il ruttino. Tutto il contrario! Il bambino in effetti si calma non appena è preso in braccio e fa anche il ruttino, ma quando è di nuovo a letto ricomincia a strillare. Non importa che la madre attenda con cautela finché il bambino non chiuda gli occhi, e continui a cullarlo fino al momento di deporlo fra le lenzuola. Niente da fare: il piccolo urlatore non si lascia ingannare.

Nel bel mezzo della notte si ricomincia. I vicini vogliono dormire e fra poco quel vecchio brontolone del piano di sopra picchierà di nuovo con il manico della scopa sul pavimento: c'è da diventare matti. Disperata, la madre sveglia il marito, che d'altra parte non riesce a dormire. Dall'altra stanza, la testa affondata nel cuscino per coprirsi le orecchie, ha sofferto con la moglie, cercando invano di addormentarsi: «Per favore, aiutami. Forse tu hai più fortuna, io non ce la faccio più!».

Atto terzo

La vittima sacrificale è ora il marito, che fa le stesse cose appena fatte dalla moglie e consigliate dalla nonna: dà il ciuccio, suona il carillon, culla il lettino, prende in braccio il bambino, gli fa fare il ruttino; che però non arriva e allora continua a cullarlo in braccio, finché si accorge che più lo culla e più il bambino si calma. Se poi cammina i risultati sono ancora migliori: l'autore di un libro sui disturbi del sonno aveva dunque ragione, non bisogna aver paura di prendere in braccio i bambini, perché si elimina l'impulso a strillare e li si fa adeguare al battito del cuore del genitore. Ecco quindi il babbo che percorre in su e in giù la cameretta, il corridoio, le scale. A poco a poco si rende conto che, quanto più ritmicamente si muove, tanto più il bambino si acquieta. Si lancia allora in una danza che ha imparato in Brasile con la moglie, quando ancora erano fidanzati. Che fortuna, pensa, che mi ricordi i passi e possa adesso farli gustare al mio bambino.

Il bambino in effetti si diverte, ma di dormire non se ne parla neppure. Perché? Forse ha dormito troppo di giorno? «Certo io non posso ballare tutta la notte, se domani voglio stare sveglio sul lavoro! Cara, pensaci tu per favore. Dopo tutto hai il congedo di maternità e puoi dormire anche di giorno».

Atto quarto

La madre nel frattempo non si è certo addormentata, ha osservato anzi con angoscia crescente come il bambino sia diventato sempre più sveglio, ancorché più allegro. Il commento di suo marito un po' la ferisce, come se lei passasse le giornate a dormire invece di giocare col bambino. Il pensiero che suo marito possa cavarsela meglio con loro figlio la rende invidiosa, ma ha anche comprensione per lui che, col suo duro lavoro, ha bisogno di sonno. E così torna dal bambino, tormentata dai dubbi, furiosa con lui, con se stessa, col marito e con gli inutili consigli della nonna. Risolutamente mette (per non dire getta) il bambino piangente nel suo lettino. «Ora dormi e basta!». Il bambino cessa effettivamente di strillare e osserva la mamma a occhi sgranati. «Dio mio, che strega che sono! Come si può essere così cattivi?». Dolcemente si prende il bambino in braccio, carezzandolo amorevolmente, piena di rimorsi, ed ecco che lui ricomincia a strillare con singhiozzi sempre più forti.

Da sopra il vicino bussa col manico di scopa. La situazione è insopportabile. Se almeno non piangesse così rumorosamente! «Ma non ballerò con te come ha fatto il babbo. Oppure sì? Ma non come lui, alla luce, che ti tiene sveglio». Spegne la luce e inizia a cullarlo ritmicamente: un due tre, un due tre... Ci siamo! È il ritmo del cuore, che il bambino conosceva già prima della nascita. Alla madre viene in mente quel passaggio del libro di Leboyer che ne parla. Se ora si stende, dovrebbe funzionare. Al buio, pone, molto lentamente, il bambino sul suo cuore.

La risposta del bambino è uno scoppio di grida. Evidentemente non vuole il cuore della mamma, lo rifiuta. Lei ne piange, disperata e triste, si chiede se sia la mamma giusta per questo bambino, se sia adatta al ruolo di madre. Ora sono in due a piangere, il bambino forte, la mamma piano.

Atto quinto

Arriva il babbo. «Così non va, maledizione» e fra le imprecazioni anche a lui sfuggono lacrime e singhiozzi. «Così non può andare avanti. Quando è l'ultima volta che abbiamo dormito una notte intera? Se non prendiamo provvedimenti, crolleremo. Portiamo il bambino dalla nonna!».

E lo fanno. Il bambino è messo sul trasportino, sistemato sul sedile posteriore e si parte. A nessuno dei due sorride l'idea di venir rimbrottati dalla nonna, che pure aveva avvertito di non prendere il bambino in braccio per farlo addormentare, ma non vedono alternative.

E durante il viaggio accade il miracolo: il bambino si addormenta profondamente. Urrà! Si cambia subito direzione, ci si può risparmiare lo scherno della nonna, che fortuna! Il tesorino dorme davvero.

La sosta a un semaforo però sveglia immediatamente il bambino e i genitori imparano subito la lezione: non ci si può fermare. Si scelgono perciò strade scorrevoli e senza semafori, meglio ancora l'autostrada. Si elabora la strategia: i due genitori faranno i turni, una notte per uno. Chi non è di turno potrà finalmente dormire; ma quanto reggerà il marito con il suo lavoro stressante? L'ansia rimane, il dramma è solo rimandato.

Ma ci può anche essere un

Lieto fine

Il lieto fine è ciò che si propone questo libro e che viene descritto più avanti. Abbiate perciò pazienza, cari genitori, e leggete prima i percorsi che conducono a questo lieto fine, che non può essere raggiunto per caso, ma solo con consapevolezza.

Premessa

Scene uguali o simili a quella prima descritta le avrete forse sperimentate personalmente. Ci sono molte madri costrette a portarsi il bambino nel lettone, offrendogli il seno ogni volta che si sveglia. Per il marito ciò significa perdere la moglie più o meno all'ora di cena e ritrovarla poi a letto, completamente dedita al bambino. Fino al secondo o addirittura fino al quarto anno di vita lei lo mette al seno più volte ogni notte, come rimedio contro i suoi strilli. Ed ecco che più di un marito si chiede se sia il caso di affrontare lo stesso sacrificio con un secondo bambino. La madre d'altra parte non ha scelta: il bambino si addormenta solo poppando, e non accetta il sostituto del biberon. Il padre viene così escluso e non può aiutare neppure volendo. Riportiamo, sinteticamente, alcune situazioni che possono verificarsi.

- Alcune madri si spaventano delle proprie fantasie omicide, crollano fisicamente e psichicamente e devono entrare in cura o in terapia.
- Alcuni padri mostrano uno spirito di sacrificio sorprendente. Per diminuire alla moglie il carico di fatica, trascorrono nottate sul dondolo o su e giù per le scale con il bimbo in braccio.
- Alcuni padri non reggono allo stress. Con l'arrivo del bambino hanno perso tutto: l'amore della moglie, la gioia di avere un figlio, la tranquillità familiare. Si sentono soli e incompresi. Non si erano immaginati che la vita in comune fosse così (né d'altronde se lo erano immaginato le loro consorti). Dopo innumerevoli litigi, durante i quali lo

sfinimento e l'angoscia hanno provocato in entrambi reazioni spropositate, arriva la separazione. La madre è lasciata sola con i suoi problemi.

Storie simili saranno magari successe a vostri conoscenti, facendovi sorgere il dubbio se sia davvero il caso di mettere al mondo un bambino, per poi andare incontro a queste conseguenze, visto che, come dicono i vostri colleghi, anche il bambino più dolce del mondo si rivela poi una belva feroce.

La mia intenzione, come autrice di questo libro, non è di scacciare queste preoccupazioni, bensì di spianare la strada alla gioia di avere un bambino. Voglio conferirvi quella sicurezza che serve al bambino per sentirsi protetto presso di voi. Quella sicurezza che vi spinga a proseguire in questa gioia, così da avere una famiglia numerosa. Un bambino ha bisogno di fratelli e il mondo ha bisogno di eredi per rinnovarsi.

Ne approfitto per darvi un'informazione che può infondervi speranza: con il prossimo bambino andrà tutto meglio. I disturbi del sonno compaiono più frequentemente nei primogeniti e il perché è semplice: con i primogeniti i genitori sono ancora insicuri. Essi trattano il bambino come se fosse un gioiello fragile, si azzardano a malapena ad afferrarlo.

Cosa rende così insicuri i giovani genitori? C'è più di un motivo, che in seguito spiegherò, affinché non vi tormentiate con inutili sensi di colpa. Le cause non sono imputabili a voi: un possibile motivo può essere il fatto che siete cresciuti in una famiglia piccola, nella quale non avete potuto imparare come trattare i bambini piccoli. Mi piacerebbe farvi osservare molte giovani madri di oggigiorno, quando per la prima volta devono fare il bagnetto al neonato: sono invase dal panico che possa accadergli qualcosa e seguono con occhi costernati il modo sollecito con cui l'ostetrica tratta il loro figliolo. Questa insicurezza delle madri è percepita con tutti i sensi dai bambini, che reagiscono con l'irrequietezza. Il primogenito deve sottostare al suo destino di cavia, è sempre stato così e oggi lo è ancor di più con l'inesperienza che si è così diffusa. Con il secondo va già meglio e più bambini si hanno, più il loro allevamento si trasforma in routine quotidiana.

Questo manuale vi renderà più sicuri nel prendervi cura del bambino.

Posso anche fornirvi un'altra sicurezza consolante: il bambino, che adesso vi stressa interminabilmente, un giorno dormirà tutta la notte; quando, non posso saperlo con precisione, forse solo con la pubertà. Umorismo nero il mio, ma comunque umorismo. La vostra vita non sarà sempre così, e il transitorio si sopporta più facilmente.

Ho scritto questo libro senza badare allo stile, in modo discorsivo, come se fossimo seduti al tavolo nel mio consultorio. Non ho assolutamente intenzione di aumentare l'elenco dei libri divulgativi di questo argomento, sbocciati come funghi non appena i disturbi del sonno nei bambini sono divenuti un problema diffuso. Chi è disperato non si sogna neppure di mettersi a leggere un tomo massiccio, cerca piuttosto una soluzione facile e sicura ai suoi problemi. Questo libro va inteso come un mezzo per conseguire la sicurezza nel trattare i bambini e allontanare lo stress. A me sta a cuore che fra voi e loro regni la gioia.

Annotazione importante per genitori impazienti

Se volete, potete saltare subito al capitolo *Raccomandazioni sicure*, per avere ragguagli su come comportarvi. Se però volete delle motivazioni per queste raccomandazioni, allora continuate a leggere.

Il bambino ha bisogno di sicurezza per dormire

Nessuno dorme bene senza sicurezza o senza un rifugio. Cerchiamo in primo luogo di chiarire cosa intendiamo con questi due concetti, sicurezza e rifugio.

Sicurezza

Il senso di sicurezza nasce dalla possibilità per l'uomo di poter contare sul compimento delle sue aspettative. Un esempio: io mi aspetto che il pedale del freno funzioni ogni volta che lo premo, cosa che in effetti accade. Posso fare affidamento in modo totale sulle mie conoscenze relative al funzionamento del freno. Se però quest'ultimo funzionasse solo di tanto in tanto, le mie sicurezze svanirebbero e preferirei non usarlo. La sicurezza è quindi un fatto oggettivo, perfino tecnico. In ogni caso non può esistere a metà, o c'è o non c'è.

Rifugio

Allo stesso modo dobbiamo considerare il rifugio come ciò che consegue alla sicurezza di poter far conto sul compimento delle aspettative relative, in questo caso, alle relazioni umane. Anche qui si richiede la totalità e non mezze misure, come può illustrare bene l'esempio della fedeltà: se un uomo è fedele solo di tanto in tanto, non si può certo far conto sulla sua fedeltà. Un bambino si sentirà sicuro solo se nelle persone che gli sono vicine si verificheranno quelle reazioni che lui si aspetta. Egli vuol sapere con certezza che vicino al suo lettino comparirà unicamente quella persona che egli conosce dalla voce, dallo sguardo, dall'odore, dal portamento, poiché può fare affidamento solo su ciò che è prevedibile e conosciuto. E questo affidamento è dato dall'esatta replica della situazione che egli conosce. Quanto più piccolo e sensibile è il bambino, tanto più è dipendente dall'immutabilità del mondo che lo circonda. Soprattutto è importante per lui sentire con assoluta certezza che è completamente accettato.

Un bambino si sente al sicuro quando può fare affidamento sulle reazioni prevedibili delle persone che gli sono vicine.

Questo bisogno del nido ha origine nel periodo prenatale: già nel ventre della madre percepiva questa fiducia originaria, sperimentando l'effetto tranquillizzante delle sensazioni prevedibili e previste. Ogni successivo battito del cuore della madre lo confermava. L'utero era il suo unico ambiente vitale, immutabile, che cresceva a poco a poco insieme a lui; il bambino era protetto, al sicuro, nascosto.

E dov'è che ci si nasconde? In un rifugio. Nell'utero il bambino poteva fare completo affidamento sul suo rifugio, immutabilmente rotondo, soffice, umido, scuro. Le pareti gli trasmettevano la sensazione che i suoi movimenti, ancora incerti e inquieti, ricevessero una benefica armonizzazione da parte dei movimenti ritmici della madre, il cui respiro culla il nascituro circa 16 volte al minuto. (Negli anni Settanta A. Korner, dell'università di Stanford, condusse un esperimento, nel corso del quale alcuni bambini prematuri vennero posti su lettini ad acqua che li cullavano al ritmo di 16 oscillazioni al minuto. In confronto a coloro che non ebbero questo trattamento, i bambini erano meno impressionabili, respiravano più tranquillamente e soprattutto dormivano meglio). Se la mamma si muoveva, le oscillazioni salivano a 70-80 al minuto (il famoso comportamentista D. Morris ha constatato che la maggior parte dei bambini si addormenta nella culla a questo ritmo). Se la madre svolgeva un'attività fisica in casa o in palestra le oscillazioni raggiungevano la cifra di 100 al minuto (questo ritmo intenso ci rammenta le esperienze di movimento con i bambini che strillano; inconsapevolmente culliamo il bambino tanto più forte quanto più alti sono gli strilli). In questo nido sempre in movimento il bambino poteva fare affidamento su un costante cullio in tutte le direzioni.

Questa stimolazione continua e ritmica dell'equilibrio ha un'importanza fondamentale. Il centro dell'equilibrio è una delle zone del cervello che si sviluppa prima, trasmettendo all'embrione, che ancora nuota nel liquido amniotico, le prime percezioni. Esso funziona da battistrada per le più importanti funzioni vegetative (respirazione, sonno, veglia, ecc.) e da base per la cooperazione fra sensi e muscoli. Ma il bambino non è ancora in grado di fornirsi da solo il ritmo, perciò ha bisogno della forza ordinatrice della madre, la quale, sollecitandogli l'equilibrio, gli fornisce i primi approcci per costruirselo da solo e imparare a fare affidamento su se stesso.

Un bambino non gradisce i mutamenti vistosi.

Dopo la nascita il bambino deve poter fare affidamento ancora per lungo tempo sul fatto che il rifugio nel nido, cioè la percezione di un qualcosa che permane uguale, prosegua. Gli scienziati mettono in rilievo la grande immaturità del neonato, fisiologicamente simile al parto prematuro: per poter avere lo stesso grado di maturità rispetto ad altri mammiferi al momento della nascita, il bambino dovrebbe trascorrere altri dodici mesi nel ventre materno. È destino dell'uomo che egli debba proseguire questo stretto legame non "nella", bensì "attaccato" alla madre. Soprattutto, qui si tratta della percezione di un manto caldo e che si muova ritmicamente, poiché il bambino non ha ancora interesse ai cambiamenti; questo si svilupperà solo in seguito, con la sua crescente curiosità. E anche dopo ciò avverrà solo di giorno, in relazione a nuove esperienze con il gioco, il linguaggio, le coccole. L'apertura verso il nuovo comincia soltanto dopo il primo anno di età e si sviluppa progressiva-

mente. Quando però il bambino si sente stanco o insicuro (e ciò avviene in genere al momento di addormentarsi o durante il sonno) allora si ritira verso persone, cose, attività conosciute, cerca il grembo accogliente della mamma o del babbo, la posizione corporea usuale, un certo tipo di carezze, il pollice in bocca. Le energie così presenti nel corso del giorno si acquietano velocemente con il consueto ciuccio in bocca, il consueto orsetto in braccio e la consueta ninnananna.

Troppi cambiamenti non piacciono al bambino.

I cambiamenti non piacciono al bambino; tentativi del tipo «prova questo ciuccio coi fiorellini invece del solito rosa» oppure «guarda che bello questo cagnolino al posto dell'orsetto vecchio» o anche «ascolta questa ninnananna nuova com'è più allegra» corrispondono al gusto per le variazioni tipico degli adulti, laddove il bambino è ancorato alle sue abitudini, che gli consentono di fare affidamento sulle circostanze usuali, da cui ricevere sicurezza. I cambiamenti non solo non lo divertono, ma lo rendono nervoso e gli impediscono di addormentarsi con tranquillità.

La differenza tra sicurezza e rifugio

Come avete avuto modo di osservare negli esempi, la sicurezza è riferita all'esteriorità concreta (pedale del freno, codice della strada, misure di sicurezza sul luogo di lavoro, ecc.). Il senso di rifugio, invece, sorge tramite i legami alle persone vicine, avendo a che fare con l'amore.

A un primo esame potreste pensare che il rifugio sia di gran lunga più importante della sicurezza. Errore! Non esiste rifugio senza sicurezza. La sicurezza è il fondamento su cui sorge il rifugio, è la premessa necessaria per potersi sentire al riparo. Il paragone più adeguato è quello con la casa, che può essere bella e ben costruita quanto si vuole, ma che senza fondamenta crolla inesorabilmente. Per quanto la madre possa essere tenera, servizievole e sempre vicina al suo bambino, se non gli appare prevedibilmente rassicurante egli non si sentirà protetto. L'anima del bambino anela solo a raggiungere un porto sicuro.

Esiste però anche una sicurezza senza rifugio, ed è quella che ciascuno di noi necessita per un sonno sano. Sta in ciò la risposta al perché prima non ci fossero così tanti disturbi del sonno come oggi.

Il segreto di un buon sonno

Ciascuno, non importa se adulto o bambino, vorrebbe svegliarsi nello stesso posto in cui si è addormentato, e il motivo di ciò è facile da comprendere. Provate a immaginarvi di addormentarvi su un treno e di svegliarvi su un aeroplano, o di addormentarvi in automobile accanto al conducente e di svegliarvi nel letto se non addirittura all'ospedale. Sono intervenute circostanze ignote e impreviste che hanno trasformato il vostro risveglio in un incubo.

Se intervengono circostanze che non si attendevano, si rimane scombussolati.

Per un sonno tranquillo avete bisogno di appoggiare la testa sul vostro cuscino, di aver caricato la sveglia sul comodino, di aver chiuso la finestra in modo che la luce non filtri. Come vedete, si tratta solo in piccola parte di un senso di rifugio e di fiducia nell'amore e nei rapporti umani e in misura molto maggiore, invece, di sicurezza concreta. Non accusatemi, per favore, di tenere in scarsa considerazione la vicinanza dei corpi, poiché sono invece a favore del parto naturale, del rooming-in, del trasporto con il telo e della terapia dell'abbraccio, il cui senso è trasformare in amore sentimenti contrastanti, per mezzo del conforto dato da uno stretto contatto dei corpi. Nella vita degli uomini esistono situazioni in cui questa sicurezza concreta è più importante della sicurezza interpersonale. Davanti a una scala traballante siete più interessati alla sicurezza dei gradini che alla gioia che vi procura una bella chiacchierata con il vostro migliore amico; se quest'ultimo, anzi, cercasse in quel momento di intavolarla, vi renderebbe soltanto nervoso e ancora più insicuro. Una simile scala di valori determina anche il comportamento degli animali, i quali prima si sincerano della sicurezza del loro territorio, poi vi fanno la tana e si accoppiano.

Un animale esamina la sicurezza del luogo e poi marca con gli escrementi il suo territorio, per poterlo riconoscere all'odore e delimitarlo nei confronti dei suoi simili; il nascondiglio per lui è più importante dell'alimentazione. Un gatto affamato, per esempio, che si getti su una preda, fugge subito se ode il ringhio di un cane, perché più importante del nutrimento è per lui la sicurezza, meglio se quella offerta dal suo abituale rifugio: una tana di dimensioni ben precise, oscura, con l'ingresso non visibile. Questa sicurezza che si può percepire possiede qualcosa di primitivo e di istintuale, il cui valore profondo permette ai valori più alti del rifugio e dell'amore di crescervi sopra.

È importante poter fare affidamento sul fatto che dopo il risveglio tutto sia nell'ordine consueto.

Un identico bisogno lo possiede l'uomo adulto, anche quando disponga già di una sicurezza interiore. Io stessa desidero svegliarmi nelle stesse condizioni nelle quali mi sono addormentata: pigiama celeste, sveglia ticchettante; se al risveglio il pigiama fosse rosa piomberei nel panico.

Affinché ci si possa abbandonare al sonno devono quindi esserci condizioni stabili, nonché la cosiddetta coscienza a posto e la mancanza di preoccupazioni, cioè la sicurezza che al risveglio troveremo l'identica situazione.

Il modo migliore in cui un bambino può sfruttare il sonno consiste nell'addormentarsi regolarmente alla solita ora nel solito posto, avendo la certezza che al risveglio troverà la mamma a riempirlo di coccole.

Suona forse come un'utopia? No, perché il sonno dei bambini non è mai stato un grosso problema. Ovviamente ciò vale solo per dei bambini sani: quelli febbricitanti hanno sempre trasformato in giorno le notti dei genitori.

Il sonno protetto presso le popolazioni che hanno ancora usanze antiche

Provate a guardare immagini raffiguranti il cosiddetto terzo mondo. Faccio fatica ogni volta a pronunciare la parola "terzo", perché i popoli che conservano ancora usanze antiche dovrebbero in realtà essere denominati il primo mondo. Non sappiamo con precisione da quanto tempo la Terra sia abitata, ma gli ultimi ritrovamenti archeologici fanno risalire i primi insediamenti umani a circa due milioni e mezzo di anni fa.

Per sopravvivere, le diverse popolazioni si sono dovute di volta in volta adattare alle condizioni imposte dalla natura e l'adattamento è stato assoluto. Giorno e notte, estate e inverno hanno indotto l'uomo a cercare rifugio e gli hanno dato il ritmo del sonno e della veglia. Nei paesi poveri l'oscurità condiziona ancora maggiormente il sonno, poiché l'illuminazione è cara; i detti popolari sull'andare a letto con le galline e svegliarsi al canto del gallo, che ancora oggi sopravvivono, testimoniano questo passaggio.

Ovviamente galline e galli non seguono un ritmo imposto dall'uomo ma dalla natura, e uniformarvisi significa vivere in accordo con essa.

Le tradizioni popolari di uno stile di vita legato alle condizioni naturali sviluppano e tramandano il bisogno di sicurezza e di rifugio. Nell'assistenza pediatrica, per esempio, si tiene conto di queste esigenze basilari in maniera semplice e naturale: al bambino viene garantito che possa sempre percepire il legame con una madre sicura di sé, tramite un *involucro* caldo, un *luogo sicuro* e il *ritmo*. Se ora esaminerò separatamente questi tre elementi fondamentali della sicurezza e del rifugio, non significa che essi agiscano indipendentemente l'uno dall'altro; al contrario essi sono strettamente intrecciati in un tutto unico.

L'involucro

Se esaminiamo delle foto di madri con bambini del Camerun, possiamo vedere come questi ultimi, per la maggior parte del tempo, siano trasportati per mezzo di appositi teli, che consentono di muoversi e di badar loro allo stesso tempo. Come accadeva nel ventre della madre, il bambino, fatta eccezione per la testolina, è circondato da ogni lato da un involucro, cosa che ai turisti spesso sembra assurda. Perché l'involucro e la strettezza con un caldo così soffocante? Le madri africane non si pongono questi problemi e non si chiedono se sia giusto limitare così la libertà di movimento dei bambini; l'unica loro preoccupazione è che il bambino non cada giù dal telo, per il resto hanno altro da fare che occuparsi attivamente di lui, che nel suo nido è abbandonato a se stesso. Egli può decidere se osservare il mondo degli adulti da quell'altezza oppure addormentarsi, cullato dai movimenti della madre che cammina o lavora. Se piange non gli viene subito offerto il seno, perché i complicati legami del telo non permettono di essere sciolti rapidamente. Il bambino si tranquillizza molto di più con il movimento ritmico, che lo culla in maniera simile a quanto gli accadeva nel ventre materno.

Un bambino ha bisogno di essere tranquillizzato, specialmente quando deve riposare.

I bambini di queste popolazioni piangono sensibilmente meno dei bambini dei paesi industrializzati, pur usufruendo assai raramente di ciucci e di altri mezzi tranquillizzanti. I molti colloqui che ho condotto con genitori e specialisti sulle cause dell'inquietudine neonatale e sui conseguenti mezzi di assistenza pediatrica mi inducono a supporre che ciò sia dovuto con ogni probabilità all'effetto benefico del ritmico cullare. Più difficile da comprendere è perché i movimenti del bambino debbano essere impediti per mezzo della stretta fasciatura; che motivo c'è di fre-

nare il suo impulso a muoversi? Mi ci è voluto molto tempo prima di riuscire a comprenderne uno dei motivi fondamentali: il neonato ha bisogno, ancora per lungo tempo, di essere indotto al sonno, poiché non ce la fa con le proprie forze e ha bisogno di aiuto dall'esterno. Per molto tempo ho pensato che i popoli che conservano usanze tradizionali fornissero questo aiuto inconsapevolmente, in maniera istintiva, ma nel corso di una conferenza dovetti ricredermi.

Un insegnante di scuola superiore chiese la parola e mi disse: «È la seconda volta che partecipo a una sua conferenza. Quando la prima volta l'ho sentita parlare del trattamento inconsapevole da parte dei popoli con usanze antiche, non sono riuscito a mandarla giù e ho dovuto riesaminare la cosa. Io sono sposato con un'algerina, i cui genitori vivono in città e hanno entrambi un'istruzione universitaria. I nonni erano nomadi e fino a qualche anno fa vivevano nel deserto. Una volta che mi trovavo in vacanza dai miei suoceri e che in casa c'erano molti parenti, ebbi modo di osservare come i bambini fino a un anno e mezzo fossero tutti fasciati a mo' di candela, per periodi dalle sei alle otto ore. Non venivano però lasciati soli in queste condizioni, ma portati in giro o cullati in grembo. Domandai loro se sapessero perché agivano così, poiché una psicologa europea riteneva che il loro comportamento fosse istintuale. I miei suoceri risposero prontamente: «Ma certo che lo sappiamo. Abituiamo i bambini alle leggi del deserto ed essi apprendono in questo modo la sopportazione e la resistenza».

Un'altra spettatrice si alzò allora furente, reclamando a gran voce la parola: «I bambini però non imparano cosa sia la libertà!

così facendo si spezza loro la volontà!». Al che l'insegnante rispose: «Pensa forse che i nomadi abbiano una volontà debole e non sappiano nulla della libertà?».

Qualunque sia la spiegazione, è evidente che questo tipo di assistenza pediatrica si è tramandato per tutta la storia dell'uomo. Se fosse stato dannoso, l'intera umanità ne avrebbe patito, probabilmente in modo irreparabile. Il che non è avvenuto. Anzi, se si manifestano dei danni genetici, questi compaiono più frequentemente nei paesi industrializzati; la vita su questo pianeta non è certo messa a repentaglio dagli indios, dai filippini o dagli eschimesi, i quali da questo punto di vista hanno molto da insegnarci. Sono senz'altro materialmente più poveri di noi, ma in quanto portatori di un ordine della creazione, che permette all'umanità di tramandarsi, sono più ricchi. Essi commettono certamente degli errori (ai bambini inquieti, in alcuni luoghi, si dà dell'oppio) e alcuni elementi del loro stile di vita non consentono lo sviluppo dell'individualità. Ma non dobbiamo appropriarci anche di queste carenze, poiché l'evoluzione è rivolta in avanti e non indietro, e dobbiamo conservare del passato quegli elementi di rifugio, amore e volontà che ci permettano di acquisire nuove esperienze.

Su qualsiasi immagine dei secoli passati si fissi l'occhio, si notano spesso dei bambini fasciati. Per esempio, nella *Fuga in Egitto* dipinta da Giotto nella Basilica di San Francesco ad Assisi, vediamo il piccolo Gesù completamente fasciato, con solo il volto libero rivolto verso la madre. Ella lo tiene in grembo, sostenendolo con le mani, avvolto in un telo, poiché, non diversamente dai bambini dei nomadi algerini, anche Gesù dovette imparare ad adeguarsi alle leggi del deserto.

L'esempio successivo è quello di una popolazione valorosa, socialmente responsabile: gli Apache, una stirpe di pellirossa conosciuta per la sua forza di volontà e sensibilità sociale. Essi onoravano non solo la terra, bensì anche i bambini, poiché credevano che da quelli provenisse la loro anima; perciò era tabù picchiare i bambini. La preoccupazione per la discendenza era così pronunciata presso di loro che pianificavano coltivazioni e insediamenti per le successive cinque generazioni (una responsabilità del tutto scomparsa nelle società tecnocratiche, dove si

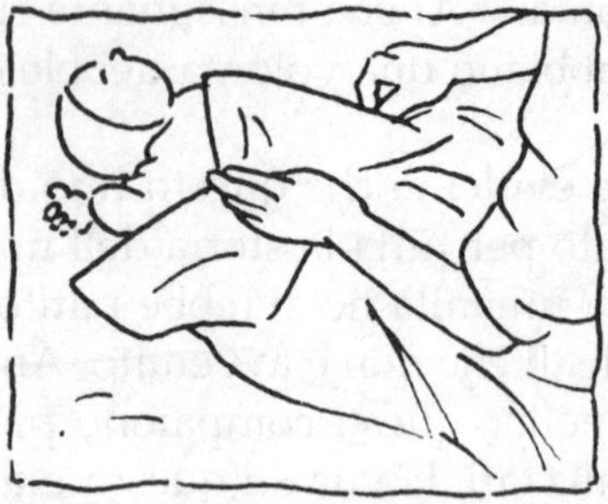

Fig. 1
L'angolo sinistro del panno viene avvolto intorno alla scapola destra.

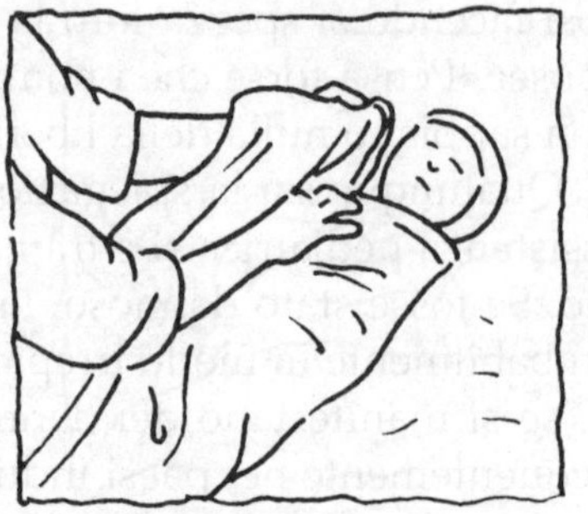

Fig. 2
Ripetere con l'angolo destro la medesima operazione.

vive al massimo di anno in anno, ma più spesso di giorno in giorno). Anche il bambino Apache veniva fasciato dalla testa ai piedi, ma non lo si abbandonava mai fermo in un punto: la madre, le sorelle, le zie lo portavano in giro con loro. Poco a poco riceveva più libertà e all'età di tre anni era presentato al padre, ai fratelli e agli zii.

I bambini degli Sherpa, nelle montagne dell'Himalaya, sono avvolti per tutto il giorno in pellicce. La temperatura esterna è molto rigida e si esce di casa solo per necessità, compito che spetta in genere agli uomini, mentre donne e bambini non si allontanano dal focolare; davanti al quale però non c'è molto posto perché la maggior parte dei lavori di casa ha luogo proprio lì. Ecco allora che i bambini se ne stanno lontani dal caldo del camino, ma avvolti nel caldo della pelliccia. Due volte al giorno il bambino viene portato davanti al fuoco, denudato, preso in grembo dalla madre e massaggiato per un'ora secondo precisi rituali tradizionali. Un'altro esempio di abilità nell'affrontare le condizioni di vita.

Un libro a parte sarebbe necessario per descrivere tutti i diversi modi di effettuare le fasciature, a seconda delle condizioni ambientali e degli usi locali. Per gettare un ponte dai tempi antichi al presente, mi servirò di un saggio del famoso pediatra

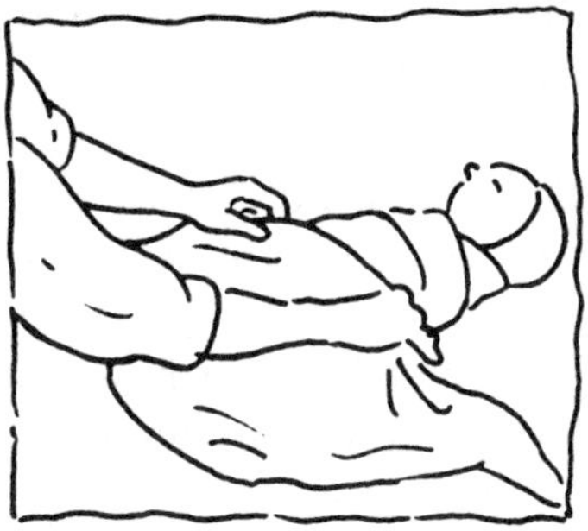

Fig. 3
Il lato dei piedi viene ripiegato sul ventre.

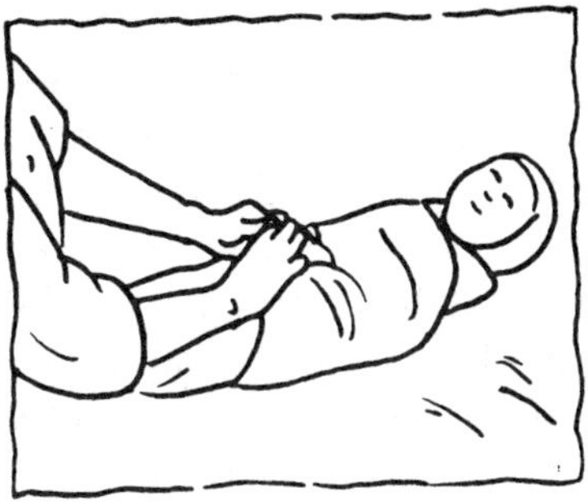

Fig. 4
Entrambi gli angoli vengono incrociati dietro le spalle, tirati sul davanti e annodati.

Kosenow, apparso nel periodico «Kinderkrankenschwester» [«Infermiere pediatriche»] (1983, pp. 257-259). Sulla base di antiche raffigurazioni egli prende in esame il metodo apparentemente "barbaro" della fasciatura stretta. «La totalità delle raffigurazioni artistiche (incisioni in legno o in rame, coni di monete, bassorilievi o sculture) danno una testimonianza unanime. Riportiamo qui un unico esempio di arte naif, la pittura votiva», scrive e mostra l'immagine votiva di due gemelli fasciati, esposta nel museo etnologico tirolese di Innsbruck. «La tecnica di fasciatura qui rappresentata non è in alcun modo un'eccezione, bensì la regola. Quasi sempre le fasce avvolgevano sia braccia che gambe [...] Qui si mostra in dettaglio e spietatamente ciò che per millenni [...] era uso comune [...] Il fatto è che, in ogni caso, l'uso della fasciatura, nonostante alcuni tentativi medici di modificarlo, si è mantenuto tenacemente inalterato fino all'epoca moderna [...] Presumo che da questa "camicia di forza" dovesse risultare un effetto calmante [...] Mi ricordo la nostra meraviglia, quando per la prima volta ci vennero messi a disposizione i teli di plastica *Babix* per i raggi X ai neonati. Sebbene questi ultimi venissero "incatenati" mani e piedi e fossero poi "appesi", si addormentavano rapidamente e non si svegliavano mai durante gli esami».

Durante la stesura di questo libro il professor Kosenow mi ha fatto pervenire un altro articolo, apparso sulla medesima rivista «Kinderkrankenschwester» nel 1992. In esso Christina Klausing, direttrice dal 1988 del reparto pediatrico dell'asilo di confine di Osnabrück, riferisce le sue osservazioni sui metodi di fasciatura praticati dalle donne dell'ex URSS.

La possibilità di muoversi liberamente suscita spesso nel neonato stress e nervosismo.

Ella descrive il suo raccapriccio iniziale nello scoprire quelle fasciature strette che supponeva dovessero procurare dei danni. Di questi danni però non c'era traccia. «Durante il bagno potevo vedere i bambini di sei, otto mesi, e anche quelli di due anni mentre si muovevano in sala giochi, senza notare nulla, anzi rendendomi conto di quanto fossero saldi e robusti. Questi bambini eretti e robusti "esplosero" letteralmente nella mia vita professionale quotidiana; non potevo far finta che non ci fossero e mi chiedevo se tutti da neonati fossero stati fasciati e cosa potesse esserci di così sbagliato nel farlo. Soprattutto li paragonavo ai nostri bambini così precocemente nervosi, ponendomi l'interrogativo se la fasciatura possedesse qualche speciale virtù».

La Klausing si mise allora a indagare il senso e lo scopo della fasciatura. Le madri le fornirono le seguenti motivazioni: il bambino non si gratta il volto, può guardarsi intorno, è tranquillo e si addormenta, è più facile da trasportare, non si raffredda... Fino alla fine del terzo mese i bambini sono fasciati completamente, dal terzo mese in poi sono semplicemente avvolti in una coperta.

E la Klausing ne deduce il logico interrogativo se la libertà di movimento che la nostra ricca società concede ai neonati non sia la causa del loro nervosismo e sovraffaticamento.

In fin dei conti non avrei necessità di rifarmi alle raffigurazioni di altri tempi e luoghi. Mia sorella (classe 1926) e io (classe 1929) siamo state ugualmente fasciate, anche se con delle imbottiture e non con delle bende. Nostra madre lo faceva secondo la tradizione della sua famiglia contadina. Intorno a quel periodo si verificò però una frattura, prima nei paesi occidentali ricchi che nel resto del mondo. I moderni pediatri, in accordo con lo spirito dell'era tecnologica, iniziarono a sconsigliare la fasciatura, poiché la tendenza era di lasciare al neonato completa libertà di movimento. Ma anche il fattore igienico ebbe la sua parte, poiché i bambini avvolti in fasciature così complicate non venivano sfasciati tanto spesso per essere cambiati (è notevole però il fatto che nell'epoca della fasciatura ci fossero meno casi di dermatiti che adesso!). E poiché mia madre dopo sposata si trasferì in città, fu influenzata dai nuovi metodi: mentre mia sorella nel suo primo anno di vita era ancora fasciata fino al collo, tre anni dopo a me fu concessa libertà per le mani. Se questo sia stato un bene per me, non sono in grado di dirlo ancora oggi; in ogni caso mia sorella è risultata assai più dotata di me dal punto di vista sportivo e delle attività manuali. Presso i suoi pazienti (è stata medico per molti anni) aveva fama di grande abilità nel trattamento manuale, e ancor oggi si cuce da sola tutti gli abiti; cosa che io non so fare, sebbene abbia acquistato prima libertà di movimento per braccia e mani.

Solo se percepisce una presa sicura, il bambino può abbandonarsi.

Il confronto con i nostri avi o con le popolazioni che conservano antiche usanze è a portata di mano. Chi può negare che Celti, Germani, Greci, Aztechi non fossero abili e dotati?

Quale effetto misterioso può avere la fasciatura, in apparenza così opprimente? La spiegazione può giungere solo con l'aiuto del concetto di sicurezza. L'involucro così aderente alla pelle conferisce al bambino la stessa fiducia delle pareti del ventre materno, è il suo nido caldo, immutabile e tangibile. Avrete sicuramente osservato che chi offre il rifugio non deve necessariamente dare anche la sua attenzione: la semplice permanenza nella pelliccia o nel telo di plastica durante i raggi X bastano a creare un senso di sicurezza e di rilassamento; poiché solo quando il bambino si sente tenuto con sicurezza può fidarsi.

Il segreto sta quindi nell'involucro. La terra è protetta dall'atmosfera e tutti noi conosciamo le nefaste conseguenze del buco nell'ozono. Nella struttura dell'atomo si parla esplicitamente di involucro dell'elettrone e l'uovo muore se si rompe il guscio. Il segreto della creazione sta nell'incontro tra forze centrifughe e centripete e le creature hanno bisogno di un involucro dove venire al mondo.

Questo per quanto riguarda l'involucro. E ora occupiamoci del secondo elemento basilare della sicurezza e del rifugio.

Il ritmo

I popoli che conservano usanze tradizionali non forniscono questo ritmo ai loro bambini sempre e necessariamente in modo diretto, trasportandoli; si servono in genere di oggetti che rimpiazzano il ritmo materno.

Prima di proseguire nella lettura, cercate di fissare bene in mente questo dato di fatto: per mezzo dell'utilizzo regolarmente ripetuto di oggetti concreti i genitori trasmettono sicurezza al bambino. Poiché, poi, lo fanno in modo univoco (quindi prevedibile) e con molto amore, trasmettono il senso di rifugio.

Esistono svariati motivi per l'utilizzo di sostituti che facciano credere al bambino di trovarsi fra le braccia cullanti della madre. A volte la madre ha bisogno di avere le mani libere per lavorare, oppure deve badare ad altri figli. In un dipinto dell'olandese Lucas van Leyden (1494-1533), che servì da modello al libro popolare tedesco *Till Eulenspiegel*, possiamo vedere una madre con un bambino piccolo seduto su una sua spalla, il padre ha sulle spalle uno zaino dove sono altri due figli e l'asino ne trasporta altri due sul basto. Se la famiglia non era in movimento, il bambino piccolo stava in una culla, che poteva anche essere sospesa al soffitto.

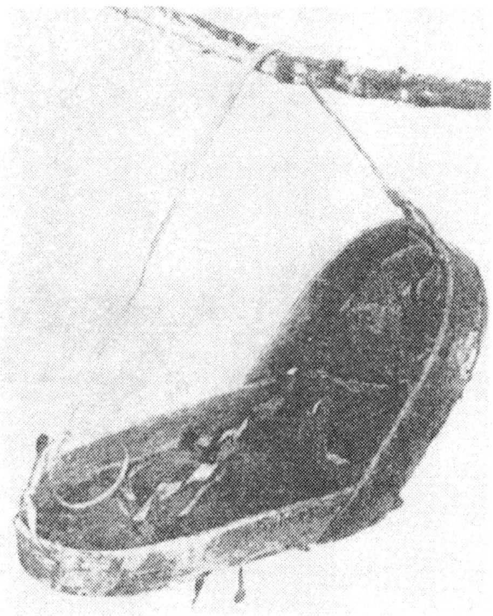

Friedrich von Zglinicki scriveva nel 1904 nel suo ponderoso volume intitolato *La culla*: «Lo conosco da quando era appeso all'albero, è un modo di dire molto diffuso fra i contadini e che rimanda all'uso da essi tenuto durante il lavoro nei campi, quando i bambini vengono lasciati in culle appese ai rami degli alberi. La culla sospesa è un fenomeno che non ha confini né regionali né temporali. In molti casi la si preferisce semplicemente perché è economica e non occupa spazio [...] Il dondolio di una culla sospesa è di gran lunga migliore e non si corre il rischio che degli animali possano entrarvi dentro strisciando». C. Capeller, nello stesso libro, descriveva così le camere dei contadini: «Accanto al letto la culla, fatta di rami di salice intrecciati e appesa al soffitto. In essa sta il bambino perché lo si possa cullare in continuazione. Se qualcuno vi passa davanti e trova la culla ferma, le dà una spinta».

Io stessa mi ricordo bene di queste culle sospese nel giardino dei miei nonni. Si appendevano fra due meli e la mamma poteva così tranquillamente curare le sue aiuole e cogliere le bacche di ribes. Quell'atmosfera di ariosa leggerezza e di pace interiore dettata dal lento cullare, dal cinguettare degli uccelli e dalla danza delle foglie nel vento mi è rimasta nel cuore.

Questi oggetti dondolanti sono utilizzati dalla maggior parte dei popoli principalmente quando il bambino ha necessità di dormire. A nessuna madre eschimese viene in mente di uscire dall'iglù con il bambino in braccio e di camminare con lui per un

lungo tratto solo per farlo addormentare. Lo riterrebbe un comportamento assurdo.

Il bambino non è prima cullato in braccio e poi, non appena si assopisce, posto, senza farlo accorgere, nella culla (molti bambini europei devono sottostare a questo inganno a fin di bene). Al contrario: la madre lo pone apertamente nella culla e lo dondola finché non si addormenta.

La culla e la culla sospesa hanno il grosso vantaggio di far risvegliare il bambino nello stesso luogo e nelle stesse condizioni in cui si è addormentato; non è necessario che la mamma sia lì accanto: è sufficiente il movimento del bambino a far riprendere alla culla il suo dondolio. Il dondolio provoca anche una serie di rumori sempre uguali, favorevoli all'assopimento. Alcuni popoli, per esempio gli indiani d'America, mettono sopra la culla, in corrispondenza della testa del bambino, una stanghetta con dei sonaglini, i quali col loro suono comunicano al bambino che si risveglia che tutto era come l'ha lasciato quando si è addormentato e favoriscono il suo riaddormentarsi.

È noto che i lettini che possiedono un movimento cullante sono i migliori per il sonno dei bambini. La richiesta della poppata notturna non è dovuta soltanto alla fame, ma è anche una ricerca del solito ritmo monotono; se quest'ultimo è fornito dal dondolio della culla, può scomparire anche la necessità di poppare.

In alcuni paesi i bambini dormono con l'intera famiglia in una gigantesca amaca, come accade per esempio nei paesi tropicali dal clima afoso. La posizione aerea è più ventilata e tiene lontani gli insetti che si trovano al suolo, mentre una zanzariera protegge da quelli alati. Nel caso in cui il bambino non dorma bene, non si aumenta il ritmo del dondolio, ma provvede la madre a calmarlo, offrendogli il seno, carezzandolo e ripetendogli pazientemente i soliti suoni all'orecchio: «Aiaiai... aiaiai». La madre non si mette quindi a correre in giro con il bambino per l'abitazione, ma rimane con lui nel solito luogo e gli trasmette qualcosa di conosciuto.

Similmente si comporta la madre se la famiglia, come avviene in altri paesi o in situazioni di necessità, dorme in un unico letto, come accade assai frequentemente, per esempio, in India. La pediatra Siegrun von Loh, che ha fondato e diretto per anni un centro sociopediatrico a Java, sul modello di quello di Monaco di Baviera, e che adesso pubblica molti lavori sull'assenza di iperattività e nervosismo nei bambini giavanesi, mi raccontava di come là il sonno non costituisse mai un problema. Nel cor-

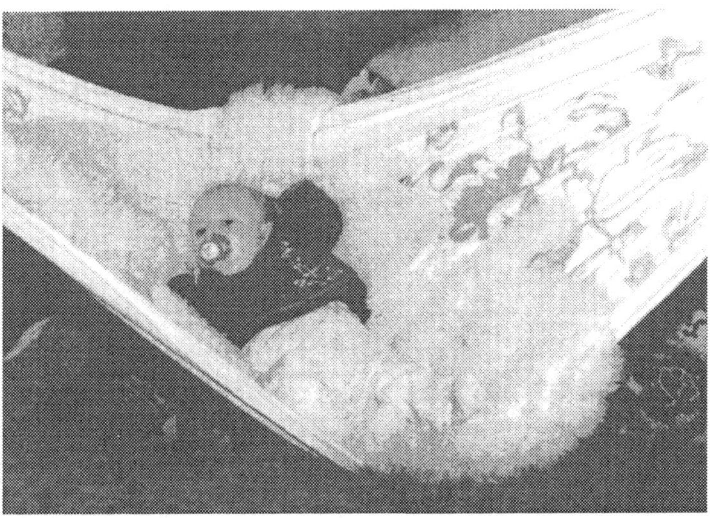

so del giorno i bambini dormono quando vogliono nel telo da trasporto e di notte sempre nel letto comune.

Nei casi di povertà estrema non c'è neppure un letto a disposizione, ma soltanto un giaciglio di paglia o una coperta nell'angolo di un campo profughi. Anche questi possono però costituire un luogo stabile in cui i componenti della famiglia si stringono l'un l'altro. Ho conosciuto questi alloggi di fortuna durante la guerra e nei viaggi intrapresi da studentessa con le amiche. Nei rifugi antiaerei c'erano fino a sei persone su una branda; se uno si girava, anche gli altri erano obbligati a farlo e veniva spontaneo adeguarsi al modo di dormire comune, abituandosi a sopportare il russare e gli odori corporei degli altri, dividendo la coperta anche con coloro con i quali poche ore prima si era litigato. Nei rifugi di fortuna c'è freddo e l'unico riscaldamento a disposizione è il calore dei corpi; è ovvio che il bambino piccolo cerchi conforto nel corpo della madre o di uno di famiglia. Si può ben dire che gli uomini sono sopravvissuti ai periodi di crisi cullandosi a vicenda.

La sicurezza del luogo

Abbiamo visto quindi che il bambino deve potersi sentire sicuro nel luogo dove alloggia, sia esso un telo da trasporto o una fasciatura: l'importante è che vi sia cullato e che le condizioni del risveglio permangano identiche a quelle dell'assopimento. Poiché non può scegliere, deve poter contare sull'univocità e l'immutabilità del luogo. La vicinanza della famiglia è un altro elemento sul quale deve sapere di poter contare e che gli conferisce sicurezza. Il "territorio" deve essere protetto.

La madre sicura

Non solo il bambino, anche la madre non ha altra scelta che affidarsi alla necessaria (la necessità modifica lo stile di vita) e immodificabile maniera di trattare il bambino. A questa necessità si adeguano tutti: la mamma, il babbo, i fratelli grandi e anche i nonni. Nessuno ha mai imparato qualcosa di diverso da ciò che di generazione in generazione viene tradizionalmente trasmesso. La credibilità del modello è inattaccabile; la giovane madre fa con il proprio bambino ciò che è stato fatto a lei e ciò che fanno tutte le altre madri di sua conoscenza. Sa, al di là di ogni possibile dubbio, che a lei ha procurato del bene e ne ha fatto una persona buona, perciò dev'essere così e non altrimenti. Questo modo di fare univoco e senza alternative trasmette, per mezzo della sua prevedibilità, la sicurezza e poiché ciò avviene tramite legami affettivi, partecipativi e corporei sorge anche il senso di rifugio. Nessun bambino si trova di fronte una madre insicura che non sappia fare la giusta scelta sul dove e sul come dormire. Neppure il ruolo di madre viene messo in discussione, là dove si conservano le usanze tradizionali: le richieste di sicurezza e rifugio ricevono una risposta naturale.

La gabbia sicura nell'epoca tecnologica

Il diffondersi della ricchezza materiale ha cambiato molte cose, poiché il progresso tecnico ha reso possibile liberarsi delle forme primitive di assistenza pediatrica e introdurre metodi più moderni, vale a dire più comodi e più igienici. Non sempre, però, i cambiamenti portano dei miglioramenti per il bambino: a volte, si rischia, come si suole dire, di "buttare via il bambino insieme all'acqua sporca".

Nella seconda metà del XIX secolo fu inventata la carrozzina, che permise di alleviare il trasporto apparentemente faticoso dei bambini (è da notare che nessuna delle popolazioni presso le quali il trasporto dei bambini avviene ancora a tracolla si lamenta della faticosità di questa operazione). Lo sviluppo tecnico della carrozzina fu portato avanti soprattutto dai maschi, cioè coloro che meno si occupavano della cura dei bambini, poiché all'epoca di questa invenzione non era dignitoso per l'uomo accudire un neonato, compito squisitamente femminile.

Quanto più cresceva il benessere, tanto più diveniva possibile che ogni membro della famiglia avesse il suo proprio letto, perfino una propria camera, in case sempre più grandi.

L'immagine ideale era costituita dal bambino in un lettino candido; che se poi era rosa o celeste ancora meglio. Anche il ciuccio aveva lo stesso colore, rosa o celeste, e nella grande camera del bambino non c'era nessun altro a dormire con lui. Egli riceveva un'abbondante poppata prima di dormire, ma naturalmente solo dal biberon perché il seno era proibito. Per giustificare questo fatto non mancavano i motivi: il biberon era più igienico del seno e il latte artificiale più controllato, così come la quantità era più facilmente misurabile. Le donne furono anche indotte a pensare che l'allattamento rendesse il seno cadente.

Anche le raccomandazioni sull'educazione del bambino facevano parte di questo quadro di funzionalità. Ma sarebbe più giusto parlare di addestramento che non di educazione, poiché sulla base delle nuove acquisizioni della psicologia dell'apprendimento sembrava possibile fare del neonato un adulto efficace e di successo. L'educazione all'indurimento doveva iniziare subito dopo la nascita; si doveva, cioè, trattare subito il neonato come un piccolo adulto, che sa attendere e non è viziato. Mai prenderlo in braccio quando piangeva. L'autore di queste raccomandazioni alle quali si sono rifatte intere generazioni di genitori progressisti nella prima metà del XX secolo fu lo psicologo americano John B. Watson (1878-1958). Divenne noto attraverso la sua arrogante affermazione che, se gli fossero stati dati una dozzina di bambini e un mondo dove crescerli, avrebbe potuto garantire che avrebbe fatto di ciascuno di loro ciò che voleva: medico, avvocato, artista, imprenditore o maggiordomo. Ogni cosa era apprendibile, date determinate circostanze, l'ereditarietà non esisteva e parlare di istinto oppure del bisogno di amore e rifugio era semplicemente ridicolo. Una severa disciplina era il requisito necessario a tirar su il cittadino modello dell'epoca tecnologica. Cominciava così uno dei periodi più neri dell'ondata autoritaria.

Per il bambino ciò significava essere messo nel suo lettino la sera presto, senza carezze. Riceveva l'ultimo biberon e doveva dormire (o piangere) tutta la notte da solo. Nessuna considerazione meritavano il diverso bisogno di sonno a seconda dell'età o l'abbandono del bambino alla sua solitudine. Alcune notti sembravano ai genitori insopportabilmente lunghe, ma era vietato preoccuparsi del bambino piangente. Meglio rinchiuderlo nella camera più lontana, suggeriva Watson, per non sentirne gli strilli.

Maria Montessori (1870-1952), contemporanea di Watson, considerò con orrore queste novità nella cura dei bambini. Nel suo libro *Il segreto dell'infanzia* scrisse: «Non solo il lattante di pochi mesi, ma anche il bambino di due, tre o quattro anni è condannato a dormire più del necessario [...] È cosa nota che i bambini di famiglie meno abbienti sono meno nervosi di quelli di "buona famiglia". Tuttavia le norme di igiene pediatrica raccomandano sempre il sonno prolungato come mezzo per il mantenimento della salute [...] Molti genitori si fanno un vanto di aver abituato i loro figli ad andare a letto presto alla sera, in modo da poter uscire senza disturbo [...]

Il lettino stesso in cui dormono i bambini è significativo, distinguendosi dalla culla, anatomica e soffice, e dal letto degli adulti, dove ci si può distendere e dormire comodamente. Ciò che chiamiamo lettino, in realtà non è altro che una prima tetra prigione, costruita dalla famiglia per rinchiudere il suo essere, in lotta per la conquista di una propria identità. I bambini sono prigionieri in una gabbia di ferro, e la loro costrizione è allo stesso tempo una realtà e un simbolo. Essi sono infatti prigionieri di una civiltà che nel suo sviluppo è stata creata dagli adulti esclusivamente per gli adulti e che lascia sempre meno spazio per il libero sviluppo dei bambini.

Il lettino è una gabbia, abbastanza alta per l'adulto da non doversi piegare e costruita in modo da potervi abbandonare dentro il bambino al suo destino. Che pianga pure, tanto non può farsi del male!».

In un altro punto Maria Montessori raccomanda «l'abolizione del classico lettino, da rimpiazzarsi con un giaciglio molto basso, quasi al livello del suolo [...] come ci sbagliamo nell'allestire l'ambiente per il bambino e come l'adulto, nel tentativo di fargli del bene, invece lo danneggia!».

Le sue raccomandazioni di comprendere i bisogni dei bambini nella loro diversità non furono all'epoca comprese da molti genitori e specialisti, affascinati dalla potenza della razionalità: tutto sembrava possibile, se ci si atteneva a precisi programmi scientifici. Così il pensiero del comportamentista Watson fu più favorevolmente accolto dei consigli materni della Montessori. Questo spirito razionale era assai diffuso e le sue idee hanno influenzato la generazione degli odierni nonni. Ancor oggi si sentono le nonne dire: «Guarda un po' queste mamme giovani! Si trascinano i figli con sé dappertutto, non si vergognano di dar loro il seno in pubblico e la notte non sanno che pesci prendere. Ai nostri tempi c'erano delle regole, degli orari. Bambini e genitori sapevano quando riposarsi. Il mondo è alla rovescia!».

In effetti i bambini di allora non si lamentavano, non si sentivano trattati male, perlomeno non dal severo comportamento loro imposto ogni notte. Si ricordano oggi senz'altro con paura e angoscia delle botte, che allora facevano parte dell'educazione, ma le regole notturne le trovavano giuste. Se vi chiedete perché, non sarà difficile rispondere, sulla base delle conoscenze che abbiamo fin qui acquisito.

Proprio il fatto che i genitori avessero deciso che il bambino dormisse a una determinata ora, in un determinato luogo e per un determinato tempo, senza mai derogare a queste regole, conferiva sicurezza. Il bambino poteva fare affidamento sui suoi genitori, sulla ripartizione del tempo e del luogo; poteva anche sputare l'anima dal pianto, se per qualche motivo non riusciva a dormire, ma sapeva che nessuno sarebbe venuto a consolarlo e con questa sicurezza ammutoliva e si assopiva, poiché non gli rimaneva altro da fare. Tanto più si rallegrava quando, con la luce del giorno, compariva la mamma con il primo biberon della giornata.

Durante la notte il senso di rifugio era sconosciuto: non c'erano coccole né carezze, solo il senso della sicurezza concreta.

Fino al 1980, quando lavoravo come psicologa nel centro diagnostico e terapeutico degli istituti Mariaberger, fui per lungo tempo in contatto con questo fenomeno. Qui venivano accolti per due o tre mesi bambini disabili i cui disturbi del comportamento erano così rilevanti che né la famiglia né il medico curante né un'istituzione pubblica sapevano più cosa fare. Talvolta l'adeguamento all'offerta formativa era così disturbato che l'intelligenza del bambino non poteva valorizzarsi e il bambino appariva disabile pur non essendolo. Molti bambini evidenziavano anche disturbi del sonno. È superfluo descrivere questi disturbi, perché non si differenziano in nulla da quelli che si evidenziano nelle famiglie attuali. Talvolta erano però molto peggiori, a causa dello stato di prostrazione dei genitori, e costituivano dei ricoveri d'urgenza. Le madri avevano trascorso mesi interi senza poter dormire. Markus, per esempio, dormiva solamente sulla pancia della mamma. Claudia doveva per forza avvolgersi un ricciolo dei capelli della mamma attorno all'indice e tenerlo tutta la notte. Hans-Joachim strillava sempre e, comunque, noncurante del fatto che il babbo o la mamma lo cullassero in braccio o lo prendessero a letto con loro.

I disturbi del sonno duravano di regola nel nostro istituto solo una notte, dopodiché i bambini se ne disfacevano come qualcosa di inutile. Procedevamo infatti secondo i metodi di terapia comportamentale derivati da Watson. Un'ora prima di andare a letto creavamo un'atmosfera distesa e gioiosa, con delle ninnananne in sottofondo. L'ultimo biberon, cambio dei pannolini ai piccoli e pipì per i grandi e poi a letto senza resistenze. Qualsiasi manovra diversiva da parte dei bambini era ignorata, nessun cedimento cioè ai vari "ancora un po' di latte", "ancora una carezza sulla schiena", ecc. Nessuno aveva il permesso di rimanere alzato. Solo la luce notturna rimaneva accesa e la guardia notturna passava lentamente fra le stanze per controllare i bambini, senza rispondere alle loro sollecitazioni, ma controllando soltanto che ciascuno fosse tranquillo nel suo letto e non si mettesse a sedere. I bambini particolarmente irrequieti, che tendevano a cambiare continuamente di posizione, venivano messi in un sacco a pelo, simile a una fasciatura, le cui punte erano legate agli angoli del letto. Il comportamento della guardia notturna era fermo e deciso, tranquillo, ma irremovibile.

Per i genitori era difficile da credere che i disturbi del sonno fossero scomparsi da un giorno all'altro. Si trattava di una piccola *lezione di terapia comportamentale*, necessaria per comprendere come si acquisisce la regolarità: quando un comportamento è rinforzato dalla reazione positiva dell'ambiente, esso si stabilizza, indipendentemente dal fatto che esso sia desiderato o meno. Quando Claudia voleva avvolgersi intorno all'indice il ricciolo della madre e lei acconsentiva, sia pure con frasi del tipo "adesso però dormi", rinforzava questo comportamento e lo trasformava in abitudine. Ancor più si rinforzava se la madre lo accompagnava con imprecazioni del tipo "sei davvero insopportabile"; se poi il ricciolo a volte non veniva concesso, ciò rinforzava indelebilmente il comportamento, perché Claudia apprendeva che se insisteva abbastanza a lungo, alla fine la madre cedeva. In linea di massima la bambina si procurava in questo modo il senso di sicurezza, ma si trattava di una sicurezza distruttiva (provocare per mezzo di un comportamento anomalo una reazione prevedibile in un'altra persona) con effetti distruttivi: nonostante lo spirito di sacrificio della madre, questa si sentiva manipolata, non libera, indifesa, impotente, rimpicciolita; l'amore si trasformava in amore-odio, dando origine a un circolo vizioso: quanto più la madre si sentiva insicura, tanto più la bambina doveva costringerla a delle reazioni prevedibili e certe; ma quanto più le riusciva la manipolazione della madre, tanto più quella si sentiva insicura. L'unica soluzione logica è interrompere il circolo vizioso.

Un comportamento si stabilizza se è rinforzato da una reazione positiva dell'ambiente.

La meta della nostra terapia del comportamento era perciò la cancellazione del disturbo comportamentale. La bambina fu separata dalla madre, in modo che il disturbo non venisse rinforzato, e quando la bambina cercava di manipolare allo stesso modo l'educatore o la guardia notturna, il suo tentativo falliva. Una soluzione logica e semplice, ma solo per chi non fosse emotivamente coinvolto nel processo; i genitori, e in particolar modo la madre, trovano grandi difficoltà a non cedere al ricatto emotivo dei figli. Dopo che i bambini avevano trascorso una settimana nel nostro centro, dove avevano dormito senza alcun problema, tornavano a casa e in molti casi ricadevano nelle manie precedenti.

Molti genitori non riescono a rinunciare all'arrendevolezza.

In ogni caso nel nostro centro il decorso era sempre positivo. Non potevamo offrire ai bambini il rifugio, che può prosperare solo all'interno della famiglia, ma potevamo trasmettere la sicurezza, che ha origine dall'affidabile rispetto delle regole. Non dovendo utilizzare le loro energie in una continua manipolazione delle persone circostanti, i bambini potevano utilizzarle per loro stessi. Durante il giorno erano più attivi e la notte godevano di un sonno migliore.

Parlando di queste cose riaffiora un ricordo della mia infanzia. Mi è possibile immedesimarmi nella situazione dei bambini appena descritti, miei ex pazienti. All'epoca della mia otite media soffrivo di questi disturbi del sonno e così so anch'io che i bambini malati, a causa delle necessarie cure, spesso divengono oggetto di attenzioni esagerate. La madre preoccupata pensa che quando il bambino non può dormire stia male e abbia bisogno di aiuto. E chi meglio della mamma lo può aiutare? Così veglia su di lui. Quando mi svegliavo per il dolore alle orecchie, mia madre mi portava dal lettino nel lettone, dove mio padre, che russava sonoramente, non si accorgeva di niente. Mia sorella maggiore, però, non riusciva a chiudere occhio per la gelosia. Mia madre mi prendeva in grembo e mi versava delle gocce di tintura nell'orecchio. Presto giungeva il sollievo e mi sentivo così bene che avrei volentieri prolungato le attenzioni di mia madre, che però mi rimetteva nel lettino; dove io cominciavo a piangere come se provassi di nuovo del dolore. Mia madre non mi dava altre gocce, però mi prendeva in braccio sedendo a gambe incrociate, mi cullava e canticchiava monotona due note, che ancor oggi mi risuonano nell'orecchio «sol - la, sol - la, sol - la».

Quando, sfinita, si addormentava, io urlavo: «Ancora!», e sebbene lei lo facesse io non ero ancora contenta: volevo la sua fede. «*Pitschtileck*» era la mia parola bambinesca per *prstýnek* che in ceco significa "anello". Tenevo la sua fede fra pollice e medio e la facevo girare con l'indice, ripetendo per ore e ore lo stesso movimento, ormai portato con l'esercizio alla perfezione. Più la mamma rallentava il suo cullare, più io intensificavo questo movimento. Ancor oggi vedo la distanza che mi separava dal volto della mamma, che osservavo dal basso del suo ventre al lume di una lampadina coperta da tela blu. Questa distanza era incolmabile e ancor oggi so esattamente cosa mi avrebbe calmato: che lei mi avesse abbracciato forte, così da non dover più vedere quel telo blu che pareva un fantasma. Mia mamma avrebbe dovuto poi coricarsi con me, impedendomi di far girare l'anello, così che il suo «sol - la» finalmente mi avrebbe addormentato. Ma, nonostante lo spirito di sacrificio di mia madre, questo rifugio mi era negato ed ero io a dovermi creare delle misure di sicurezza con il movimento dell'anello.

Queste esperienze sono indimenticabili per me, mia madre e mia sorella, ma non si svilupparono in disturbi del sonno permanenti. Non ricordo con precisione quando mia madre abbia posto fine a questa recita notturna, però questa donna con i piedi per terra, che non si faceva prendere in giro da nessuno, una volta o l'altra chiuse il sipario. Probabilmente accadde dopo che fui operata di tonsille e svanirono le mie otiti. Suppongo che dopo l'operazione mia madre mi abbia ritenuta abbastanza grande da poter dormire da sola nel mio lettino.

Non mi era però preclusa la possibilità di intrufolarmi nel letto di mia madre in caso di freddo o paura: potevo ancora godere di questo nido caldo senza dover ricorrere a nessuna recita, poiché i lettini dei bambini si trovavano nella camera dei genitori. Sebbene già allora ci fossero raccomandazioni per avere camere separate e per tenere i bambini a distanza, mia madre fortunatamente non vi si adeguava.

Ancor oggi per molti vale la regola di non guardare il bambino di notte. Nelle famiglie dell'ex blocco comunista era, ed è ancor oggi, ovvio che il bambino di notte non disturbasse, altrimenti la madre non potrebbe lavorare durante il giorno.

Quando ho iniziato a pensare a questo libro e ne ho parlato con madri dell'ex Germania Est, ho ricevuto sempre le stesse osservazioni: «Il problema non esiste! Io devo andare al lavoro, volente o nolente. Non si tratta di emancipazione della donna ma di necessità di sussistenza, poiché uno stipendio solo non basta. E non posso certo andare al lavoro senza aver dormito, quindi il bambino di notte *deve* dormire».

Se c'è una nonna, è lei a occuparsi del bambino di giorno, in modo da non doverlo mandare al nido. Ma anche molte nonne oggigiorno lavorano e così, poiché l'esistenza è dura, anche il bambino deve adeguarvisi: «Purtroppo anche il bambino deve collaborare, non c'è alternativa».

Anche dopo la riunificazione, nell'Est non veniva quasi mai sollevato il problema dei disturbi del sonno nei bambini. Solo con il recente adeguarsi allo stile di vita dell'Ovest, e particolarmente alla possibilità che la madre rimanga a casa con il bambino fino al terzo anno di età, ho notato come l'incertezza nell'educazione sia slittata dall'Ovest all'Est. La domanda: «Che devo fare di notte se il bambino non dorme?» è quella posta più di frequente.

Come ogni cosa su questa terra, anche il rigido trattamento notturno dei bambini ha i suoi vantaggi e svantaggi. Li considereremo qui di seguito dal punto di vista di quanto esaminato nei capitoli precedenti: involucro, ritmo, sicurezza del luogo e madre sicura.

I vantaggi

Cominciamo dal principio. La sicurezza della madre, così come quella del padre e del resto della famiglia, erano incrollabili (una malattia costituiva l'eccezione). Che il bambino dovesse dormire nella carrozzina o nel lettino era una legge che nessuno infrangeva. La madre non si sentiva in alcun modo messa in discussione, al contrario otteneva l'appoggio e la comprensione degli altri membri della famiglia. Il bambino la rispettava in quanto legislatrice affidabile e accettava senza dubbi, obiezioni o ribellione l'ordinamento da lei introdotto. La sicurezza dell'intera famiglia, non solo della madre, era ovvia.

Ugualmente sicuro al cento per cento era il luogo del sonno. Il bambino si svegliava là dove si addormentava. Questo luogo cambiava lentamente, in accordo con la crescita del bambino: la carrozzina era sostituita dal lettino con le sbarre, il lettino da un letto e la camera comune da una cameretta singola. Ogni volta il bambino poteva affidarsi alla percezione di tutte le circostanze concrete. La tappezzeria, le sbarre del lettino, la lampada sul soffitto, il ticchettio dell'orologio a muro, i rumori della strada e della radio erano prevedibili; l'ambiente era fidato, il luogo assomigliava a un nascondiglio.

Dei punti di orientamento sicuri funzionano come cartelli indicatori.

Lo spazio temporale era programmato anch'esso univocamente e funzionava con la precisione di un orologio. Il bambino sapeva quale fosse l'ultimo gioco della giornata e che subito dopo si andava a letto, dove la lampada restava accesa finché la mamma non aveva finito di leggere la fiaba e dato il bacio della buona notte. Questi punti fermi nell'arco della giornata funzionavano da cartelli indicatori, fornendo il necessario orientamento, che dava non solo affidabilità, ma anche gioia nel compiersi delle aspettative. «Ero ancora immerso per metà in un sogno, quando il ben noto suono della caffettiera e l'odore dei panini freschi si facevano strada verso di me. Ogni giorno la solita cosa e io sapevo che nessuno dei fantasmi del sogno poteva più afferrarmi perché ero di nuovo a casa», udii una volta raccontare da un uomo seduto al tavolo dei clienti abituali che si ricordava della sua infanzia. Il suo vicino rinforzava: «Che bello quello svegliarsi senza sveglia. La prima cosa che udivo erano i rumori nel bagno di mio padre che si faceva la barba; si udivano a tratti delle melodie, intervallate dall'aprirsi e chiudersi della bocca durante la rasatura. Mia madre imprecava in cucina: "I bambini dormono ancora, smettila di cantare che per di più sei stonato". E potevo scommettere che, quando avessi aperto gli occhi e sbirciato nell'apertura fra le due porte, avrei scorto mio padre con la guancia ancora bianca di schiuma da barba e gonfia per fischiare *O sole mio*».

Gli svantaggi

In riferimento al suo istintivo bisogno di involucro e di ritmo il bambino sceglieva senz'altro quest'ultimo. L'involucro esisteva naturalmente ancora al tempo dei nostri nonni, poiché vigeva sempre l'antica raccomandazione di fasciare il bambino dopo il bagno serale e di lasciarlo dormire così. Anche nel caso in cui la madre avesse voluto concedergli più libertà di movimento, glielo proibiva il freddo dell'abitazione: le stufe erano quasi sempre spente anche d'inverno, perché il carbone era caro. Il bambino doveva quindi essere ben coperto.

Quando poi arrivarono il riscaldamento centrale e i nuovi metodi, sparirono le fasce a favore di una maggiore libertà di movimento e il bambino non ebbe più il suo involucro.

Similmente scarse erano anche le offerte di ritmo, addirittura considerate riprovevoli. Fra gli specialisti si fece largo il pregiudizio che il dondolio potesse danneggiare le tenere pareti del cervello, causando danni cerebrali al bambino (che sciocchezza colossale! Se fosse stato vero tutte le generazioni precedenti avrebbero dovuto essere state affette da notevoli danni cerebrali). Finché il bambino era nella carrozzina lo si poteva ancora cullare avanti e indietro, e molte madri erano costrette a ricorrervi per far addormentare il bambino, ma il lettino era immobile. Che fare? Ecco la soluzione: il ciuccio, da solo o attaccato a un biberon.

Siamo così giunti a scoprire il maggiore svantaggio del metodo Watson: il bambino doveva in qualche modo provvedere da solo ad addormentarsi.

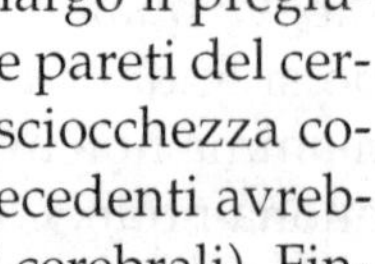

- Al posto del ritmo fornito dall'esterno il bambino se ne procurava uno proprio succhiando il ciuccio o un pollice. Spesso ciò avveniva con una tale intensità furiosa che se ne scorgevano le tracce nei capelli della nuca, completamente scompigliati. Non appena i bambini erano maturi dal punto di vista motorio, smuovevano il letto in modo che cigolasse ritmicamente, fenomeno che in seguito veniva spiegato con l'onanismo.

- Per poter percepire l'involucro intorno al corpo, da loro perso troppo presto, i nati prematuri riescono con le proprie forze a strisciare sulla parete dell'incubatrice. Evidentemente non danno nessun valore a un letto grande e preferiscono dormire rannicchiati in un angolino. Potrei raccontare una gran quantità di storie di bambini, la cui irrequietezza notturna si placava, non appena la famiglia andava in vacanza in tenda o in roulotte, dove si era costretti a dormire in un letto stretto. Ma preferisco cedere la parola a Maria Montessori, che riferisce di un bambino di un anno e mezzo, il quale, al ritorno da un viaggio con i genitori, manifestò evidenti sintomi di irrequietezza notturna e stitichezza. Durante il viaggio aveva dormito senza problemi in molti lettini di hotel e adesso non trovava il sonno in un letto grande e comodo. «La notte bisognava tenerlo in collo e il suo pianto fu attribuito a dolori di pancia. Furono consultati diversi pediatri, uno dei quali aveva prontamente prescritto delle vitamine. Ma né queste, né i bagni di sole, né le passeggiate, né i più moderni trattamenti sortivano il minimo risultato. La situazione, anzi, peggiorava, e le notti divennero per la famiglia una continua veglia. Alla fine si aggiunsero anche le convulsioni [...] attacchi di crampi che si presentavano due o tre volte al giorno. Si decise di consultare il miglior specialista per le malattie nervose infantili. A questo punto intervenni io [...] il bambino giaceva su un letto in preda a uno dei suoi attacchi. Presi due poltrone e le unii in modo da formare una specie di lettino imbottito, che poi fornii di lenzuoli e coperta e lo posi, senza dire una parola, accanto al letto del bambino. Questi guardò, smise di strillare, si rotolò fino al bordo del suo letto, si distese su questa culla improvvisata e si addormentò istantaneamente. Nessuno dei sintomi della malattia si ripresentò più. Evidentemente il bambino era abituato a dormire in un lettino che lo circondasse su tutti i lati e desse appoggio alle sue membra, cosa che non poteva fare il grande letto, nel quale egli perdeva l'orientamento [...] Il bambino non percepisce l'ordine così come noi lo percepiamo. Noi abbiamo già ricevuto una moltitudine di sensazioni e siamo attutiti nei sensi; il bambino invece arriva dal nulla e ha ancora sperimentato poco».

Poiché il bambino non può colmare da solo la mancanza di involucro e di ritmo, si getta sulle opportunità che gli offrono le percezioni di un luogo sicuro. La sua "singolarità" non gli permette di affidarsi alle persone, poiché non sono presenti. Come sostituto si sceglie allora obbligatoriamente l'affidabilità degli oggetti. Il bambino dispone i suoi sensi in modo da poter percepire i singoli componenti del luogo sempre allo stesso modo, altrimenti non potrebbe assicurarsi il compimento delle sue aspettative. L'animaletto di pezza è sempre uguale al tatto e all'olfatto, il ciuccio ha sempre lo stesso sapore, bere al biberon provoca ogni volta gli stessi movimenti poppatori. Le sbarre del lettino sono al solito posto e la luce notturna non cambia, così come il ticchettio dell'orologio.

Il bambino deve affidarsi ancor più alla stabilità dell'ambiente in quanto nel programma di sicurezza notturna non è compreso il rifugio, che solo le persone possono trasmettere. Rifugio significa infatti assistenza, comprensione, fiducia; durante l'educazione al comportamento notturno desiderato il bambino però è solo e deve rimpiazzare le persone con le cose. Il rimpiazzo produce un'abitudine la quale, a seconda della personalità, del grado di angoscia e di tendenza maniacale, può trasformarsi in una dipendenza e poi in una mania.

Tutte le esperienze si imprimono per mezzo della ripetizione nel cervello del bambino; un proverbio tedesco dice: «Ciò che non si impara da piccoli non si impara più» ma lo si può anche ribaltare, asserendo che: «Ciò che si impara da piccoli non si dimentica più».

- Una volta che il bambino si è abituato a lenire il suo disagio per mezzo di un ciuccio, avrà bisogno anche in seguito di avere qualcosa in bocca per sentirsi meglio; perciò masticherà le penne, si morderà le unghie o proverà il desiderio di una sigaretta.

- L'esperienza consolidata di lavar via le lacrime della solitudine tramite il biberon, porterà al rimpiazzo di quest'ultimo con una bottiglia di birra.
- Le sensazioni olfattive acquisite odorando la coperta preferita saranno sostituite nell'età adulta dall'uso di un profumo preferito. Gli altri odori verranno cancellati dal deodorante.
- Così come il bambino si sentiva più sicuro se teneva in mano la coperta o il sonaglio, anche l'adulto necessita della sensazione di stringere in mano qualcosa. Si tratta di qualcos'altro, come un volante o degli estratti conto: possedere cose materiali è più importante che convivere con gli altri.
- Così come la luce della lampada notturna tranquillizzava, così in seguito si cercano altre sorgenti di luce, siano esse lo schermo del televisore o del computer.

L'elenco potrebbe proseguire a lungo. Ne risulterebbe una lista delle fissazioni e delle manie odierne, sorte in questi ultimi anni in maniera sconosciuta alle epoche precedenti.

Salta all'occhio come l'educazione all'indurimento fosse basata sui bisogni dei genitori e sulla sicurezza del luogo, sempre nell'interesse dei genitori, che non volevano avere un bambino viziato. Ma i bisogni dei bambini di un involucro e del ritmo erano in gran parte tralasciati. Ci si chiede quindi se non fosse il prodotto di un'epoca che pativa la perdita delle capacità affettive e si poneva un'angosciante domanda sul significato dell'esistenza umana.

Ci sono volute una o due generazioni per comprendere che i frutti di tutto ciò potevano essere dei nevrotici e dei maniaci, quale effetto di una compensazione.

Né sicurezza né rifugio – il bambino di oggi

Ricapitoliamo per prima cosa ciò che abbiamo appreso sulle due epoche dell'umanità.

- Con lo stile di vita tradizionale il bambino era obbligato alla sicurezza, fornitagli dall'involucro, dal ritmo, dal luogo sicuro e dalla madre che si sentiva sicura. Il rifugio pure era presente in misura completa. Stretto nell'abbraccio della madre e di altri familiari, poteva riposare nella tranquillità di chi sa che troverà comprensione per i suoi bisogni emotivi. Non aveva la libertà di decidere dove, quando e come dormire o giocare, ma si sentiva sempre accettato.
- La cura del bambino nell'era tecnologica mancava del rifugio, a causa dell'isolamento. In cambio costui otteneva più sicurezza grazie al rispetto di regole rigide. (Un po' come ci accade con la circolazione stradale, dove l'osservanza di certe regole ci pesa, però ci dà maggiore sicurezza).

Osserviamo adesso la situazione attuale. Il titolo di questo capitolo potrebbe anche essere: "Come può accadere che il bambino di oggi non abbia né sicurezza né rifugio?". Perché, infatti, il bambino è così svantaggiato nella società odierna, che pure si preoccupa al massimo grado del suo benessere? Perché è arretrato rispetto alle società primitive o a quelle culture che conservano tradizioni antiche? Non si parla naturalmente del livello di istruzione o dei beni materiali, quali cibi, abiti e giocattoli, ma dell'equilibrio interiore, che si esplica di giorno in un interesse vigile e concentrato per l'ambiente e di notte in un sonno tranquillo.

La maggior parte dei genitori di oggi sono stati bambini nell'epoca in cui regnava ancora lo stile educativo autoritario e rigido; hanno sofferto di limitazioni alla propria libertà: era impensabile protestare contro una decisione dei genitori. «Finché mangerai in casa mia...» era il ritornello abituale. Anche l'amore non riusciva a esprimersi, rimanendo impigliato nella continua rabbia repressa, che trovava il suo unico sfogo nelle lacrime sul cuscino. Solo e abbandonato, il ragazzo sognava qualcosa di meglio: poter decidere liberamente e affermarsi in piena autonomia e poter disporre di sé e del mondo.

Proprio in quegli anni negli Stati Uniti e in Europa sorse la speranza che il sogno della libertà potesse non essere più un'illusione. L'ideologia libertaria del '68 rendeva possibile tradurre in realtà le fantasticherie. E come ogni cosa al mondo anche questa ideologia aveva due aspetti, e cioè vantaggi e svantaggi. La fatalità volle che il dialogo fra generazioni fosse quasi impossibile; la generazione dei nonni e dei genitori della Germania Ovest sentiva di aver commesso con la seconda guerra mondiale uno spregio all'umanità e si era rinchiusa in un silenzio colpevole. Il salto da un estremo all'altro fu spensierato ed entusiasta: in pedagogia giunse come un ciclone un'ondata antiautoritaria. Le case borghesi furono percorse da un vento fresco che spazzava via la morigeratezza: i figli dei fiori tornarono alla natura, senza pregiudizi, con i capelli al vento, le barbe lunghe e la sessualità libera. I Beatles misero in musica questo stato d'animo, suscitando l'entusiasmo di milioni di persone. Le strade erano piene di giovani dimostranti, le università furono avvolte dagli striscioni. La ribellione contro i vecchi ordinamenti era imponente: solo i giovani avevano ragione, ogni cosa che venisse dai genitori era cattiva o, quantomeno, sospetta. Una conseguenza di questo atteggiamento fu mostrata alla fine degli anni Ottanta da una ricerca della professoressa Noelle-Neumann: solo il 28% dei giovani adulti era favorevole ad accettare il quarto comandamento, di onorare il padre e la madre; il 72%, cioè, era contrario a dare ascolto ai genitori.

Un'altra rivendicazione centrale in questo periodo fu il rifiuto dell'obbedienza e dell'ordine costituito. Gli uomini non dovevano più essere un gregge di inermi sottomessi, ma conquistarsi ognuno quella libertà che gli appartiene fin dalla nascita. La giustificazione di ciò fu trovata, fra l'altro, nei risultati della ricerca appena iniziata sul primo periodo di vita. Con grande senso di vergogna si scoprì che il bambino iniziava la sua vita emozionale molto prima di quanto si pensasse e che soffriva grandemente se non venivano soddisfatti i suoi bisogni emotivi. Fino ad allora una pseudocultura faceva credere che un bambino iniziasse a percepire le delusioni solo a partire dal primo anno di età. Ora si scopriva che già nel ventre della madre aveva luogo per il bambino una vita interiore. La parola d'ordine fu allora il ritorno alla natura, che consisteva nel parto naturale, nel *rooming-in*, nell'allattamento al seno e nella vicinanza dei corpi fra figlio e genitori. Si reintrodusse, al posto della carrozzina conservatrice, il telo da trasporto e, invece di relegare di notte il bambino nella sua cameretta, si fece in modo che potesse sempre sentire la vicinanza dei genitori. La cura dei bambini, così come era nelle tradizioni dei popoli che mantenevano usanze antiche, fu proposta come modello da imitare. Il libro di Jean Liedloff, *Alla ricerca della felicità perduta*, divenne un best-seller.

Tutto sembrava andare per il meglio. L'aspetto più bello era la buona intenzione di voler fare ogni cosa per il bene del bambino. Involontariamente, mi viene da pensare al proverbio che dice che la strada dell'inferno è lastricata di buone intenzioni, poiché il benintenzionato ritorno alle origini sfociò in alcune famiglie nella devastante distruzione delle relazioni; il tentativo di creare l'amore fu pagato assurdamente con la perdita dell'amore stesso.

Ciò che, nonostante le migliori intenzioni, si tralascia imitando la cura dei bambini tradizionale

Imitando il modello si deve, per forza di cose, imparare dall'esperienza pratica, ma quest'ultima non è stata sperimentata da nessuna delle madri odierne nella sua infanzia. Si è ricorsi perciò ai libri e alla propria immaginazione, cioè all'astrazione e alla fantasia, molto lontane dalla realtà. Alla realtà dei popoli tradizionali appartiene infatti la concezione che il bambino goda sì di un continuo rifugio, ma che debba sopportare molte limitazioni: non è lasciato alla sua scelta se essere fasciato strettamente oppure no, se avere o no le mani libere per giocare con i capelli della madre, se essere trasportato sulle spalle o lasciato libero di gattonare sul pavimento. Nessuna madre delle Filippine o della Groenlandia vagheggia l'idea di dare al bambino più libertà di quanta lei ne abbia avuta nella propria infanzia. Senza filosofeggiarvi sopra, si preoccupa soltanto che il suo bambino segua le regole.

La giovane madre benestante e progressista di un paese occidentale, al contrario, non è motivata dalla necessità materiale, bensì dalla sua necessità di recupero della libertà. Ciò è vero in primo luogo per coloro che da bambini sono stati educati in modo autoritario. Ma ci sono anche sempre più genitori che da bambini sono stati educati in modo antiautoritario e non hanno sperimentato né come si stabiliscano e si facciano rispettare delle regole, né come si sopportino le frustrazioni. Quando questi giovani genitori, madri e padri sull'orlo di una crisi di nervi («non ce la faccio più, sono distrutta, meglio inghiottire un flacone di pillole o schiantarsi contro un albero») vanno in terapia e viene loro chiesto cosa desiderino maggiormente, mi rispondono regolarmente: «Vorrei che tutto tornasse come prima».

Pur con tutte le differenze individuali si può dire che il denominatore comune dell'atteggiamento dei genitori è ancorato al concetto di libertà. Questo bisogno di libertà è però primariamente quello dei genitori e non un bisogno elementare del bambino; quest'ultimo deve in primo luogo soddisfare il suo bisogno di rifugio. Solo su questa base può in seguito costruirsi il desiderio di distacco, volontà propria e libertà: è come un uccellino che deve prima crescere sotto l'ala della madre per poter poi spiccare il volo da solo. Nel '68 si proclamarono però altre verità: «Non limitate la libertà di movimento dei bambini! Già subito dopo la nascita deve poter sgambettare liberamente. Il bambino sa benissimo da solo cosa è meglio per lui e troverà da sé il ritmo per mangiare e dormire».

Indipendenza e libertà sono possibili solo quando il bisogno elementare di rifugio è soddisfatto.

Queste supposte verità provocarono una perversione dei processi di adattamento naturale: non era il bambino immaturo a doversi adattare ai genitori maturi, bensì il contrario. Affinché il senso di questa mia affermazione non sia travisato, chiarisco subito che i genitori devono in effetti adattarsi al bambino, in relazione ai suoi stadi di sviluppo, che dal rifugio portano al distacco, ma sono i genitori, sulla base della loro esperienza, a dover stabilire come soddisfare in modo responsabile i bisogni del bambino.

(Mi ricordo un colloquio con uno dei fondatori dell'antipedagogia. Si parlava dell'abbraccio e della terapia dell'abbraccio; io ero favorevole, lui decisamente contrario. Io facevo riferimento ai seri disturbi psichici che derivavano per tutta la vita dai danni conseguenti al legame fra madre e figlio procurati nella prima infanzia. Gli chiesi una certa tolleranza per la terapia dell'abbraccio, perlomeno nei neonati, i quali, a causa dell'intensa assistenza medica, vengono divisi dalla madre, la dimenticano e si difendono dal suo abbraccio con il cosiddetto riflesso di Moro. Questo riflesso di spavento e di fuga si manifesta fra l'altro con l'estensione delle braccia e il piegamento della testa all'indietro, cioè via dalla madre. Se la madre non se ne lascia intimorire, ma stringe a sé il bambino, consolandolo finché lui non si è tranquillizzato, il legame si ristabilisce di nuovo e il bambino si sente di nuovo protetto. «No! – obiettò il mio avversario – questa sarebbe un'infrazione della volontà».

Mi sembra davvero un ribaltamento della corretta successione dei bisogni elementari. Il neonato non è in grado di decidere da solo e di immaginarsi le conseguenze di un'azione, per esempio un'intera vita di sofferenza per l'angoscia da contatto. Un'importante premessa per la formazione di una volontà propria è infatti la capacità di decidere sensatamente fra le varie alternative e le loro conseguenze. Il suo respingere la madre non è un atto di volontà cosciente, ma un meccanismo riflesso di difesa, un istinto di fuga primitivo, che si dissolve nell'abbraccio della madre e si tramuta in fiducia. Per lungo tempo il telo da trasporto ha adempiuto a questa funzione e solo i dubbi degli intellettuali che ne hanno discusso hanno fatto sorgere complicazioni).

Le conseguenze per il bambino e i genitori

I desideri del bambino sono molteplici e la capacità che hanno i genitori di poterli soddisfare assume un ruolo centrale. A tale proposito riportiamo alcuni esempi esplicativi.

- Si suppone che il bambino trovi da solo il ritmo del sonno e dei pasti. Anche il tipo di postura del corpo e il luogo dove dormire sono lasciati ai desideri del momento. I genitori non si azzardano a contrastare il volere del bambino e vi si adattano.
- I desideri del bambino sono però variabili, a seconda che egli abbia trascorso una gravidanza felice nella pancia della mamma oppure abbia già delle crisi dietro di sé. È decisivo poi se sappia già distinguere il giorno dalla notte, come siano il suo temperamento, sensibilità e ansiosità, se abbia già fatto il ruttino, ecc. ecc. Molti desideri sono puramente estemporanei. Il bambino inoltre non sa esprimerli e i genitori devono intuirli, provando spesso tutto il possibile per riuscire a calmarlo: un tormento che è stressante per entrambe le parti.

La molteplicità delle offerte impedisce che il bambino possa fare affidamento su qualcosa di stabile, permanente, tale da soddisfare le sue aspettative. Di conseguenza diventa irrequieto. L'indecisione (devo fare questo o quello, comportarmi in questo modo o in quest'altro) provoca anche nei genitori uno stato di inquietudine, che aumenta quanto meno desiderano rivolgersi per un consiglio ai genitori e ai nonni e quanto più cercano invece la soluzione in libri, riviste e anche presso degli specialisti: un labirinto di strade diverse e di vicoli ciechi con opinioni contrarie che si prevaricano l'un l'altra. Queste battaglie ideologiche e settoriali sono sensate e perfino divertenti da discutere in un congresso, ma i diversi pareri che si scontrano sul perché il bambino stia piangendo in piena notte sono uno stress quasi mortale. Gli scienziati chiamano questo stato di particolare stato di ansia "ambivalenza affettiva". La cosa peggiore è quando, invece di un "o questo o quello", esiste un "né questo né quello", per cui ogni volta ci si comporta in modo diverso, seguendo ora i consigli di un libro ora quelli della nonna, una volta con entrambi i genitori d'accordo, l'altra con un feroce contrasto fra i due: il bambino non ha niente di prevedibile cui affidarsi.

La sicurezza nei rapporti umani si basa sull'univocità dei confini.

Ciò di cui il bambino ha bisogno sono il rifugio, il senso di protezione, la possibilità di affidarsi a regole stabilite. La molteplicità delle offerte, come abbiamo visto all'inizio di questo libro, è per lui snervante e incomprensibile: prima a letto con la ninnananna di Mozart, poi cullato con il ciuccio in bocca, poi a letto senza ciuccio e senza Mozart, poi in braccio con dei colpetti sulla schiena, poi di nuovo a letto. Una volta la mamma sorride, un'altra è furiosa, poi triste e dubbiosa: una mescolanza di sentimenti che rendono il bambino insicuro. L'unico stato d'animo che permane immutato nella madre è la sua tensione interiore, la quale si trasmette al bambino. Un circolo vizioso: quanto più la madre è tesa, tanto più il bambino si inquieta, quanto più il bambino si inquieta, tanto più la madre è tesa...

Quanto più la madre è tesa, tanto più il bambino si inquieta, e quanto più lui si inquieta tanto più insicura e angosciata diviene la madre.

Se padre e madre agiscono diversamente, le offerte per il bambino si moltiplicano: ciuccio in bocca, Mozart, lettino cullato avanti e indietro, bambino in braccio a ballare con il babbo... e la mamma che si intromette sempre. I cambiamenti di umore di quest'ultima sono repentini ed estremi: dal furore a fantasie di omicidio (con la testa sotto il cuscino smetterebbe di strillare), al pentimento e alla tristezza e con le lacrime di nuovo all'amore, fino alla crisi di nervi.

Non c'è nessuno a proteggere il bambino dal profluvio di attrazioni, a riordinare le sue percezioni. Al contrario, proprio co-

loro che dovrebbero svolgere queste funzioni, i genitori, sono invece la causa del disordine, sia pure in maniera del tutto inconsapevole. Non si tratta infatti di incuria, bensì del suo contrario, un'ipercura. I giovani genitori desiderano infatti essere più giusti e più sensibili nei confronti del bambino di quanto sia stato fatto con loro. Questo fa sì che abbiano continuamente paura di commettere degli errori e che si tormentino con pretese di perfezionismo. La società odierna non ammette gli errori, ogni sforzo è concentrato sul successo. Per tutto ciò che ostacola il raggiungimento di questa meta ci sono ricette, specialisti e pubblicazioni; basta sapere a chi rivolgersi. Chi non lo sa, fa la figura dello sprovveduto. E i giovani genitori sono ancor meno in grado di sopportare le frustrazioni, in quanto sono cresciuti in un'epoca nella quale molte cose si potevano ottenere senza sforzo e c'erano poche opportunità di esercitare la resistenza allo sforzo e alla frustrazione. Già nella loro infanzia era possibile distogliersi da qualche dispiacere accendendo il televisore, oppure ritrarsi da un conflitto rinchiudendosi nella sfera privata della propria cameretta. Ma non basta premere un bottone per spegnere gli strilli di un bambino. Talvolta riesce invece la fuga nel privato, come dimostra l'alto tasso di separazioni. «Come evidenziato da un recente studio empirico di Nickel (Düsseldorf) e Rollett (Vienna) l'armonia matrimoniale cala significativamente nel periodo dalla nascita del primo figlio all'inizio della gravidanza successiva. Questa scoperta rappresenta forse una spiegazione per il crescente numero di divorzi? L'arrivo del secondo bambino è quindi visto come un ritorno alla reciproca soddisfazione di coppia, seriamente messa in pericolo dal duro compito del primo figlio» scrive il professor Schuser nel numero 29 del 1995 della *Deutsche Liga für das Kind in Familie und Gesellschaft* [Lega tedesca per il bambino in famiglia e nella società].

Una spiegazione per il crollo dei matrimoni giovani è la carenza di sopportazione. Da bambini non hanno imparato come si sopportano gli altri, nonostante si abbiano delle riserve su di loro, come si manda giù un rospo e si pazienta, come ci si aiuta, si divide, si tengono in considerazione determinate cose, come ci si pone di fronte alle crisi e come si rinnovano l'amore e i legami. Come ogni cosa al mondo, tutti questi aspetti si apprendono tramite l'esempio e l'esperienza e i genitori di oggi da bambini hanno appreso poco. Molti hanno già sperimentato con i loro genitori il crollo del matrimonio e replicano il modello conosciuto. Già allora era relativamente facile separarsi: ciascuno aveva il suo "proprio", il proprio televisore, la propria automobile e la propria assistenza malattia. Il benessere non aiuta i rapporti interpersonali, poiché ognuno è più indipendente, anche se più solo. «Gli amici si conoscono nel momento del bisogno» dice infatti un ben noto proverbio.

In caso di calamità naturali si vede come la solidarietà cresca di momento in momento e anche il vicino con il quale non abbiamo mai scambiato una parola viene ad aiutarci se la casa va a fuoco. Ma questo tipo di mobilitazione non si verifica in caso di disastri psichici, poiché il loro influsso non va direttamente al cuore. L'immedesimazione del cuore è quella che permette «di vedere col cuore», come dice Antoine de Saint-Exupéry ne *Il Piccolo principe*. Ma i genitori dei genitori odierni erano già accecati dal benessere materiale e la loro ambizione era quella di non dover più soffrire sotto le necessità materiali, di poter avere tutto per sé soli senza bisogno degli altri. L'ambizione si trasforma però facilmente in avidità e l'egoismo ha allora libero corso.

Sempre più spesso si sente porre dai sociologi e anche dai politici la domanda se la famiglia abbia un futuro. Queste difficoltà ad agire costruttivamente nei rapporti personali non sono state causate dai giovani genitori di oggi; si può dire che abbiano portato in dote questa incapacità nel loro matrimonio. «Vai, vai pure! Sparisci! Posso farcela benissimo anche senza di te, anzi sai che ti dico? Che sei solo un peso. Prendi i tuoi stracci e vattene!» sento spesso dire, anzi urlare, a dei giovani coniugi. E quando chiedo: «Queste frasi non le avete per caso già sentite? Non vi suonano familiari? Chi le aveva sempre in bocca?» allora qualcuna di queste giovani madri sobbalza ed esclama: «Mia madre lo diceva sempre!».

A questo punto sorge la domanda su quanto le giovani madri possano fare affidamento sui loro sentimenti, capacità relazionali e istinti. Senza dubbio per alcune è possibile tuttora, non tutte hanno dovuto affrontare esperienze traumatizzanti. Altre però incorrono in un errore: ciò che loro ritengono essere un sentimento proprio è in realtà un'illusione o un bisogno di recuperare.

Questa lettera di una madre è un ottimo esempio di illusione e disillusione: «Essere madre, generare una nuova vita, era la cosa più bella che pensavo mi potesse capitare. Quando rimasi incinta, toccavo il cielo con un dito, e pensavo di essere entrata per sempre in possesso della felicità. Mi immaginavo che anche il parto sarebbe stato dolce e bello e mi documentai con libri e film, ma quando poi avvenne mi sentii come assalita alle spalle: provai molto dolore e l'ostetrica fu tutt'altro che una fata consolatrice. Il disinganno proseguì. Mi ero immaginata anche un felice legame interiore con il bambino, che succhia teneramente al mio seno e mi guarda grato. Ma ora ce l'ho tutta la notte attaccato al seno, ogni mezz'ora pretende di poppare ma poi non lo fa e si limita a succhiare senza scopo. In altre maniere il prepotente non vuol dormire e io devo sempre essergli a disposizione. Mi sento sfruttata e quando mi sorprendo a pensare come odio mio figlio divento pazza». Alla giovane madre non era stato spiegato che il parto può essere doloroso e che è necessario regolare il ritmo del sonno e dei pasti del bambino. Una volta dissolta l'illusione, essa non coincideva più con il sentimento e l'amore si era trasformato in amore-odio.

Ma anche per i padri la realtà può essere più difficile. Ecco un esempio che mostra come un giovane padre ritenesse che il suo bisogno di recuperare fosse la sua gioia più grande (è lo stesso padre che abbiamo nominato nel prologo). Da mesi lui e la moglie si danno il cambio nell'assistenza notturna al piccolo. Lo prende a letto e tenta di farlo addormentare cullandolo nelle braccia. Se però il bambino continua a piangere lo prende nel telo da trasporto e sale con lui su e giù per le scale, con instancabile sacrificio; non appena si siede, stremato, il piccolo strilla: «Come se lo avessi lasciato solo», si lamentava con me questo padre, «mi dica per favore cosa devo fare perché il mio Thomas non si senta abbandonato; la mia vicinanza evidentemente non gli basta».

Come poi venne fuori, il padre aveva rinunciato a leggere dei libri e a frequentare un consultorio di preparazione alla nascita, senza però impedirlo alla moglie: «Mi ero ripromesso di affidarmi completamente al mio istinto, il quale mi dice di non lasciare mai solo mio figlio. È giusto, vero? Il bambino ha diritto alla mia presenza, io sono il suo babbo, il suo unico babbo». Quando poi demmo insieme un'occhiata alla sua infanzia, venne fuori che l'ansia della separazione e dell'abbandono era cresciuta con lui accompagnandolo fino ad allora. Era un figlio illegittimo, cresciuto senza padre e con una madre che lavorava. Passava le giornate con delle tate e già a dieci anni dovette andare in collegio, dove le punizioni costituivano il suo peggiore ricordo. Veniva sempre minacciato che sua madre non sarebbe venuta a riprenderlo o a fargli visita se faceva il cattivo. La solitudine divenne per lui la punizione peggiore, che sentiva il bisogno di recuperare stando continuamente vicino a suo figlio. Durai fatica a fargli comprendere questo transfert; più facile fu convincerlo che il bambino aveva diritto a un sonno ininterrotto: poiché aveva già un anno e mezzo ed era pesante e il padre soffriva di sciatica, accettò volentieri i miei consigli. Il sonno tranquillo del bambino lo ha poi convinto della bontà del mio ragionamento (la soluzione fu costituta da un'amaca appesa al letto del padre) e ancor più lo stato d'animo felice del bambino, quando al mattino si risvegliava a salutava con un sorriso l'apparizione del padre.

Il bambino ha diritto non solo alla presenza dei genitori ma anche a un sonno ininterrotto.

Non ci si può fidare completamente degli istinti. Più d'una ricerca ha dimostrato che gli istinti sono efficaci quando operano in un contesto di circostanze naturali, altrimenti si affievoliscono a poco a poco. Un esempio dal regno animale può illustrare adeguatamente questo aspetto. Se il vitello non viene allevato dalla madre, bensì allattato dagli uomini, una volta cresciuto non sa più che deve offrire le mammelle al proprio vitellino. Grazie al lavoro di informazione dei molti gruppi di allattamento non è dato di trovare per fortuna un esempio simile fra gli uomini. Qui però non agisce l'istinto ma l'intelletto e si può perciò parlare con piena ragione del decadimento dell'istinto, se si ripensa alle proibizioni dell'allattamento nella prima metà del secolo scorso. La misura dell'odierna incertezza nell'ambito dell'agire istintivo diviene chiara, se guardiamo come vengono oggi soddisfatte le necessità istintive del sonno, cioè l'involucro, il ritmo, il luogo e la madre sicuri.

- L'involucro è diventato molto più allentato. Intere schiere di combattenti per la libertà si sono schierate contro la fasciatura stretta. «Il bambino ha diritto alla libertà di movimento, non va frenato, dev'essere libero di sgambettare» recitano gli slogan e, ancor oggi, molti genitori credono che ciò sia giusto. Sottolineo la parola "credono", poiché non esiste nessuna prova scientifica della correttezza della libertà di sgambettare.
- Il ritmo si realizza sempre in qualche modo, ma non in maniera affidabile, stabile, ordinata e disposta dalla madre, bensì attuata dal bambino attraverso degli espedienti. È il bambino stesso a provare la necessità del ritmo, chi più chi meno, e se lo crea succhiando il ciuccio, il seno o il biberon, facendosi cullare in braccio, avvolgendo i capelli della mamma, facendosi portare su e giù per le scale o in automobile. Il catastrofico in ciò è che il bambino stesso deve provvedere sia all'inizio che alla prosecuzione del ritmo e perciò non si tranquillizza. Se si accorge che il padre rallenta il ritmo nel salire le scale si inquieta. Inoltre, come abbiamo visto, il bambino vorrebbe trovare al risveglio le stesse condizioni di quando si è addormentato e se non può contarci non si acquieta.
- Il luogo sicuro non esiste più. I genitori, cercando nella loro disperazione di far addormentare il bambino prima possibile, lo cambiano continuamente di posto. La ben nota frase "abbiamo provato di tutto" si riferisce soprattutto ai diversi luoghi: dal lettino alle braccia della mamma, nel lettone, al seno, in braccio mentre si passeggia nell'appartamento, sulle scale, in auto… Il cambio di luogo conferma l'insicurezza nel bambino e lo porta a strillare e quanto più forte strilla, tanto più frequentemente i genitori lo cambiano di posto.

Quanto meno il bambino può fare affidamento sulla stabilità, tanto più forte urla.

- Della sicurezza di sé dei genitori di oggi non è neanche il caso di parlare: la sua inesistenza è un fenomeno mai verificatosi prima.

Si può dunque affermare che, purtroppo, il bambino della attuale società del benessere ha le peggiori condizioni per un sonno tranquillo.

Come se la passino i genitori, lo sappiamo da quanto raccontano, come se la passi il bambino ce lo dicono la sua irrequietezza e i suoi strilli. Allo scopo di sensibilizzarci verso la sua condizione, cercherò di rappresentare gli avvenimenti dal suo punto di vista.

Rendiamoci conto innanzi tutto di come un bambino di dieci mesi possa percepire e pensare, e quale immagine del mondo abbia. Egli non ha ancora una visione d'insieme delle dimensioni dell'ambiente e non può osservarlo come separato da sé. Tanto più egli si sente il centro del suo mondo magico, e si accorge che i suoi movimenti hanno degli effetti su di esso, quanto più prova una sensazione di onnipotenza. Gli sono sufficienti i semplici schemi di movimento che può compiere in quest'età e che ripete innumerevoli volte, per assicurarsi della sua forza immaginativa e delle prime concatenazioni di pensiero. Il bambino sa che una determinata causa ha come conseguenza un determinato effetto; e che, per esempio, se in presenza della nonna getta gli oggetti fuori dalla carrozzina, questa si piega per raccoglierli e glieli rende con un sorriso, mentre col dito lo minaccia scherzosamente e gli dice «bricconcello». E il bambino ripete il gesto per sentirsi dire ogni volta «bricconcello» dalla nonna, potendo così confermare le sue sicurezze di pensiero e azione.

Chiediamoci ancora una volta come si senta il piccolo, quando si considera onnipotente e capace di fare ogni cosa. A questo scopo fornirò come esempio uno degli innumerevoli casi che si danno in molte variazioni, a seconda del mezzo usato per calmare il bambino, dalla tolleranza alla frustrazione della madre ecc.

Il piccolo Raimund, di appena nove mesi, è steso di sera nel suo lettino e sente che gli manca qualcosa e che tutto gli fa male. Fino a poco tempo prima poteva ancora dormire nella culla,

cosa che gli procurava piacere, tanto più che la madre poteva cullarlo poco, essendole stato prescritto nelle ultime settimane il riposo a letto. I genitori si sono nel frattempo convertiti al parere della nonna, che cioè il bambino sia ormai troppo grande per la culla e si meriti un lettino normale. Questo lettino però appare al bambino enormemente grande e il peggio è che non si muove: alla staticità non è abituato e gli provoca ansia. Raimund avrebbe bisogno del suo nido abituale per acquietarsi e piangendo lo richiede indietro. Ne prova nostalgia e ancor di più ne prova per la mamma, tanto più che adesso prova dei terribili dolori in bocca e in tutto il corpo, causati dal primo dentino. Raimund strilla, e guarda un po' cosa accade! Nelle lontananze dell'universo di Raimund si illumina una stella, la camera dei genitori, e la luce si avvicina, finché compare la mamma, anche se si muove molto piano perché non vuole farsi notare, memore del consiglio di sua madre: «Di notte non prendere mai il bambino in braccio, altrimenti non te ne liberi più!». Fino a oggi ci si è attenuta, perché sa che sua madre ha ragione, come le confermano le lamentele sulle notti insonni delle giovani madri nella sala d'attesa del pediatra e quello che legge nelle riviste. Quindi cerca di non farsi scorgere dal bambino, provando a cercare di capire da lontano cosa ci sia che non va. Non si sentono odori che segnalino che abbia sporcato il pannolino e anche la febbre di sicuro non ce l'ha. Cosa gli succede allora? Scuote un po' il lettino, ma questo fa strillare ancor più il bambino, che percepisce che sta arrivando ciò di cui ha bisogno e conferma, per mezzo degli strilli, che questo è proprio ciò che vuole, invitando la mamma a continuare. Ma questa informazione la mamma non riesce a decifrarla e prosegue il suo esame di cosa ci sia che non va. Ha forse sete? No, al seno non vuol metterlo, altrimenti potrebbe diventare un'abitudine; si decide per offrirgli, nel modo più inavvertito possibile, il biberon del tè e va in cucina, dove accende la luce di un'altra stella nell'universo di Raimund. La mamma torna, infila la tettarella nella bocca spalancata, ma lo strillatore non ne vuol sapere: le gocce di tè gorgogliano fuori insieme alla saliva. Dopo ripetuti tentativi Raimund si sente stanco e deluso: lui non vuole il biberon, vuole la mamma. Ma lei è troppo lontana e fra loro due si frappone l'odiato biberon. I suoi strilli sono così disperati che la mamma decide di lasciar perdere tutte le raccomandazioni e lo prende in braccio. Nello stesso istante lui si acquieta e lei gli offre il seno; ma dopo due o tre poppate fiacche Raimund principia nuovamente a strillare. Forse deve fare il ruttino, pensa la mamma, e se lo pone in spalla, dandogli pacchine sulla schiena e camminando su e giù per l'appartamento. Questa passeggiata apre sempre nuove prospettive al piccolo: se ci si avvicina alla finestra si vedono i lampioni, in cucina c'è la spia rossa della lavastoviglie, nello studio quella verde del computer; odori sempre nuovi lo accolgono, prima in cucina, poi in bagno. La mamma ora gli canta una canzoncina nell'orecchio, ora tace, ma si percepisce il suo respiro pesante e teso, poi si chiede: «Quando dormirai, maledizione?», una domanda alla quale Raimund non può rispondere. Con tutte quelle cose nuove non può acquietarsi velocemente, la sua attenzione è tenuta continuamente desta. L'unica costante è il ritmo sulla spalla della madre, il quale finalmente riesce a conferirgli la tranquillità, perché gli ricorda il tempo trascorso nella pancia della mamma, dove il cullare era l'unica sensazione. Chiude gli occhi e dimentica il dentino. La madre pensa che si sia finalmente addormentato e lo depone con cautela nel lettino, poi se ne va in punta di piedi. Ma Raimund non dorme ancora, si gode invece quanto è appena avvenuto, la concatenazione fra causa ed effetto: i suoi strilli hanno acceso la luce e la mamma è arrivata, dopodiché c'è stato tutto quel circo di sensazioni nuove; ma l'esperienza più soddisfacente è stata venir cullato sulle spalle della mamma, ancora meglio del "bricconcello" della nonna. Raimund è

Nel suo universo magico il bambino si sente onnipotente.

un bambino curioso, vuol fare nuove esperienze e rendersi conto della propria efficacia. Per cui rimette in moto questa concatenazione di causa ed effetto, ricominciando a strillare. E in effetti funziona: appare di nuovo la luce, compare la mamma e tutto ricomincia...

E le conseguenze di ciò? Nel corso delle esperienze che si ripetono il bambino stabilisce che è meglio fare affidamento su quegli eventi che ha iniziato nello stato di veglia. Allora la mamma insicura e il babbo ancora più insicuro faranno ciò che il bambino si aspetta e lui si sentirà onnipotente nel suo piccolo cosmo. Ma per il bambino immaturo e ancora bisognoso di protezione questa esperienza di onnipotenza è fuorviante: sentendosi più forte dei suoi genitori, li considererà deboli e manipolabili. Questa è la più grande delle disgrazie, poiché i deboli non possono soddisfare il suo bisogno di sicurezza e rifugio: non gli rimane altro che raffigurarsi come burattinaio.

Il rifugio gli sfugge in tal modo completamente, e per rendere sicuro l'ambiente deve far uso soltanto dei suoi "programmi di governo". In quanto fornitore di se stesso della sicurezza il piccolo è in ogni caso inadeguato, deve sempre provvedere affinché l'ambiente gli si adatti e non riesce a raggiungere la tranquillità. Deve continuamente fare attenzione a che la luce si accenda, la mamma arrivi, lo prenda in braccio, con quale ritmo e quanto a lungo, cosa gli dia da bere, se al seno o dal biberon. La sua disperata necessità di procurarsi della sicurezza di rimpiazzo attraverso il dominio dell'ambiente origina una costrizione interiore, la quale a seconda dei casi può svilupparsi fino alla maniacalità. E i genitori pure. Si sentono tirannizzati dal bambino e il piccolo incolpevole si guadagna l'etichetta di tiranno.

Prima ancora che l'amore del bambino per i genitori possa svilupparsi entra in conflitto e ne sorge un amore-odio; una tale mescolanza di sentimenti contrastanti è anche quella che riceve dai genitori, i quali sono delusi, si sentono dei falliti nel loro ruolo di genitori e anche come marito e moglie. «I figli uccidono il matrimonio» si sente ripetere sempre più spesso; il punto di vista si è ribaltato: i figli non sono più la benedizione del matrimonio, bensì la sua tomba.

La fine della coppia è particolarmente dolorosa perché il figlio era invece atteso con molto amore e si era pronti a dargli tutto per permettergli di sviluppare la sua personalità. Ma anche la libertà, che i genitori volevano dare al bambino e a se stessi è crollata come un castello di carte. Né il bambino né i genitori sono liberi: il bambino non può sentirsi sicuro a causa della sua dipendenza dalle rappresentazioni delle condizioni ambientali e i genitori si sentono prigionieri, impotenti e inermi.

Se allora ci poniamo ancora una volta la domanda su quale sia l'epoca in cui i bambini abbiano avuto il sonno più tranquillo, non sarà difficile rispondere. Ma la ruota della storia non gira all'incontrario e noi dobbiamo guardare avanti.

Se dovessi scegliere fra i due mali, fra il freddo trattamento degli inizi del secolo Ventesimo (nessun rifugio, però sicurezza) oppure i tentativi attuali (né rifugio, né sicurezza) sceglierei il primo in quanto male minore. Ma anche qui non si può tornare indietro. La soluzione per la cura dei bambini di oggi e di domani consiste nel riconsiderare quanto di buono c'era nel passato. Da questo partirò per derivarne delle raccomandazioni.

Raccomandazioni sicure

L'espressione raccomandazioni "sicure", che richiama alle mente le "ricette infallibili", non deve essere presa come un'imposizione. L'ho derivata dalle consuetudini dell'essere umano, che agiscono efficacemente da tempo immemorabile e dalle migliaia di casi presentatisi nel mio ambulatorio, nei quali si sono dimostrate funzionali.

Queste raccomandazioni non escludono altre possibilità. Alcuni genitori, che magari leggono questo libro solo per vedere che altri genitori se la passano peggio, potranno dire: «Noi agiamo in modo del tutto diverso e i nostri figli dormono senza problemi». Buon per loro: non devono cambiare ciò che si è dimostrato efficace. Il mio intento non è di descrivere tutte le vie che portano a Roma, ma solo di indicarne alcune che si sono dimostrate percorribili.

Come acquisire una maggior sicurezza di sé

Indipendentemente da quale percorso il bambino segua, l'importante è che abbia una guida sicura. La sicurezza è contagiosa e il bambino vi si affida, secondo il diffuso modo di dire "con lui andrei anche all'inferno". Mi è capitato di ascoltare i racconti più stravaganti sui più diversi metodi per far addormentare: «Bastano pochi minuti di saltellamento su una palla per la ginnastica medica con il bambino in braccio e lui si addormenta in un attimo». O, come mi raccontava un padre: «Faccio addormentare il piccolino con il contatto della mia pelle nuda. I peli sembrano avere su di lui un effetto benefico e anche a me non dispiace: mi addormento benissimo sulla schiena». Questo padre non si faceva convincere a tentare nessun altro espediente e anche voi dovreste fare lo stesso: continuate con ciò che si dimostra efficace.

Entrambi i genitori dovono trovare dentro di sé la fiducia in se stessi, senza cercarla in nessun altro. A questo punto vorrei sottolineare la sottile differenza fra "doversi fidare" e "potersi fidare". È desiderabile che i coniugi possano fidarsi reciprocamente nel suddividersi i compiti della cura del bambino, così che anche il babbo cambi i pannolini, faccia fare il bagnetto e porti il bambino a letto.

Fidatevi di voi stessi e sfruttate la possibilità di fidarvi anche del vostro partner

In riferimento al rifugio del bambino è però inammissibile fargli percepire che uno dei due genitori è così insicuro e ansioso da aver bisogno dell'aiuto dell'altro. Quando la madre implora il marito di aiutarla con il bambino, si rende essa stessa una bambina, che non riesce a farcela senza l'uomo forte. E se il babbo cavallerescamente alleggerisce le fatiche della moglie, ciò non fa altro che confermarla nella sua debolezza: può darsi che così facendo faccia del bene alla moglie, ma sicuramente non lo fa al bambino. Quest'ultimo non sopporta una madre infantile, si allontana da lei e la combatte (da grande giungerà fino a picchiarla!).

Nel quarto atto del dramma in camera da letto anteposto a questo libro abbiamo visto lo stress del bambino al suo culmine, nel momento in cui sua madre, insicura, aveva rinunciato, chiedendo al marito di venirle in soccorso e poi, colpevole e pentita, si era di nuovo dedicata al bambino. Da quel momento in poi lei appare insopportabile al bambino. Solo per un momento questo era disposto a considerarla seriamente come madre, cioè quando lei aveva chiaramente espresso la sua rabbia, distintamente percepita dal bambino. Ma con suo grande disappunto ciò è durato solo un momento. Dobbiamo riflettere sul fatto che per il bambino, proprio per il suo bisogno di sicurezza, è preferibile che essa derivi da un comportamento percepito come chiaro e risoluto piuttosto che dolce ma indeciso. Al padre, in questa storia, è riuscito di cavarsela meglio, interrompendo la danza con il figlio quando era ancora convinto del suo operato.

Conosco comunque anche molti casi di padri infantili. Ecco un esempio, raccontatomi da un padre che si era rivolto a me per una consulenza sull'affidamento del bambino; purtroppo il caso era già nelle mani degli avvocati, perché con una terapia tempestiva si sarebbe forse potuta ancora salvare la famiglia. «Il nostro Jacob aveva già due anni e la mia ex moglie ancora lo allattava, anche di notte, innumerevoli volte. Naturalmente lui non voleva dormire se non nel letto della mamma la quale si innervosiva, perché spesso doveva offrirgli il seno. La nostra sessualità nel frattempo era andata a farsi friggere, perché lei doveva sempre star dietro al bambino. Da quando era rimasta incinta non dormivamo più insieme. Anche la mia ex moglie si accorgeva che il nostro matrimonio stava soffrendo a causa del bambino e si sentiva danneggiata da lui. Una notte hanno litigato e lui le ha morso il seno; io mi sono intromesso per mettere pace, perché volevo dormire. Ma non per ragioni egoistiche, niente affatto: dovevo dormire per poter essere concentrato in ufficio il giorno dopo; i miei colleghi si erano già accorti di quanto fossi esaurito. Mia moglie allora è scoppiata in lacrime e in urla isteriche, gridando che Jacob era anche il mio bambino, non solo il suo, e che dovevo pensarci da solo a tranquillizzarlo. Lo ha cacciato a forza nel mio letto. Lui piangeva a squarciagola, così l'ho preso in braccio sotto la coperta e volevo consolarlo, ma lui non voleva né la coperta né l'abbraccio. Ho cercato di giocare con lui, per distoglierlo dalla sua cocciutaggine, ma neppure questo gli andava bene. Mi sono seduto con lui, l'ho preso in grembo e gli ho chiesto cosa avesse contro di me, perché noi eravamo amici, ma lui mi ha colpito in volto per allontanarmi da sé. Non mi sono arreso, ho continuato a tenerlo con me, ma non ho potuto fare a meno di piangere, disperato per il punto a cui erano giunte le cose. La mia ex moglie allora mi ha strappato Jacob, l'ha ripreso con sé, mi ha sgridato come un bambino, dicendomi che ero un debole e che

Un bambino si sente al sicuro solo con genitori adulti.

dovevo andare al diavolo... Questo è stato l'inizio della fine del nostro matrimonio. Da quella notte Jacob non mi vuole più e quando deve venire in visita da me strilla come un ossesso...».

Ai bambini non piacciono i genitori infantili. Solo con genitori adulti possono sentirsi sicuri e protetti, devono poterli tenere in considerazione per assumerli a modello ed è questo bisogno basilare che sta alla base del quarto comandamento, che dice di onorare il padre e la madre. I due sono nominati distintamente e non collettivamente come genitori, perché possono sostituirsi reciprocamente per quanto riguarda la cura e l'educazione, ma mai in relazione all'amore e al rifugio. Se il bambino è amato, per esempio, solo dalla madre e non dal padre non crescerà bene, e lo stesso vale anche per il rifugio; se si sente protetto solo con il padre e non con la madre è un mezzo orfano. In entrambi i casi anche il matrimonio è già sulla via del fallimento.

Non prendetevela, anche quando commettete degli errori

Prima di spiegare concretamente come si sarebbero potuti aiutare il padre e la madre di Jacob, è necessario dire che nessuno può infondere la sicurezza di sé a un'altra persona. Anche il bambino non si lascia ingannare sulla sicurezza interiore della madre se questa non è autentica ma soltanto una finzione. La madre deve essere convinta di aver ragione, e ciò accade solo quando si accetta completamente, non solo con i suoi pregi ma anche con le sue debolezze. In quel caso è una buona madre, anche se commette degli errori. Anzi, questi ultimi la rendono perfino migliore, poiché gli errori fanno parte della vita. L'apprendimento avviene per tentativi ed errori, per cui più grandi sono questi ultimi, maggiore diviene la consapevolezza di ciò che è giusto. Saper trarre vantaggio dagli errori è quindi il punto di svolta, e se ciò avviene anche terapeuticamente, non ci si deve sentire sminuiti, poiché la crescita non consegue soltanto alle proprie forze, ma anche grazie all'aiuto esterno.

A questa crescita si possono però agganciare inutili sensi di colpa, dei quali è importante liberarsi e di cui bisogna parlare liberamente. Non siete voi i colpevoli della grande confusione ideologica che ha regnato in questi ultimi decenni nel campo dell'assistenza e dell'educazione dei bambini. Se siete confusi perché vi trovate invischiati fra i molti consigli contrapposti non è colpa vostra, bensì dello spirito del tempo che è malato e genera il caos nelle opinioni. Tuttavia anche questo caos ha un grosso vantaggio: risveglia le forze che vogliono uscire dal caos stesso e queste forze risiedono nel vostro animo. L'amore per vostro figlio è il miglior mezzo per attivarle.

La forza da sola però non basta. Il sentimento può trarre in errore se non ha un indirizzo e un orientamento.

Affidatevi a un unico consulente

Contro la confusione generata dai molti manuali in circolazione (troppi cuochi rovinano il brodo) c'è un'unica scelta sicura, quella di attenersi a uno solo di essi. Esaminate tutti i titoli presenti in libreria, ma non lasciatevi distrarre dalle belle immagini di copertina e concentratevi solo sulla premessa. L'intenzione dell'autore corrisponde al vostro sentimento? Vi sentite sulla stessa lunghezza d'onda? Se sì, compratelo e tralasciate gli altri. Tenere il piede in due staffe non vi farebbe seguire bene né l'uno né l'altro. Fidatevi dell'autore anche se con il tempo qualcuno dei suoi consigli si rivela non mirato. Nessuno è infallibile. Lo stesso vale per l'ostetrica che avete scelto per seguirvi durante la gravidanza e nel primo anno dopo il parto. La guida nel periodo più critico da parte di una persona esperta e comprensiva e la partecipazione a circoli di discussione per madri e padri sono altamente raccomandate.

Scaricate pure le vostre insicurezze sul vostro consulente o terapeuta, lui o lei è lì apposta. La persona cui dovete risparmiare le vostre insicurezze è vostro figlio. Secondo la mia esperienza i genitori giovani aspettano troppo tempo, prima di ammettere di trovarsi in un vicolo cieco e il tormentoso percorso che ve li ha condotti è stato vissuto in prima persona anche dal bambino. È meglio prevenire e ricorrere al terapeuta prima che possa intervenire un danno permanente. Tenete presente che la consulenza deve essere rivolta – se possibile – a entrambi i genitori: il bambino sta bene solo se vede che entrambi i genitori collaborano con amore alla sua crescita.

Vediamo adesso quale aiuto sia stato fornito alla madre del «Dramma in camera da letto».

Il lieto fine del «Dramma in camera da letto»

Durante la consulenza ho fatto prendere coscienza alla madre delle circostanze appena descritte. Con la testa lei le ha comprese bene, ma il suo cuore ancora non si raccapezzava con la libertà di commettere errori. Sulla base del suo distorto rapporto con la madre, già dalla pubertà era abituata a pensare di essere migliore del fratello, preferito dalla madre, e migliore della madre stessa. Affinché potesse concedersi il permesso di commettere degli errori, cioè di imitare il comportamento della madre, l'ho dapprima aiutata a chiudere i conti con quest'ultima dentro al proprio cuore: solo dopo aver imparato ad accettare la propria madre nonostante i suoi errori, era pronta a essere madre lei stessa e ad accettarsi completamente, errori compresi. Poi era necessario, prima ancora che si decidesse per un preciso ordine del sonno, presentarla al bambino come madre sicura e conquistarne la fiducia e il rispetto.

L'ho incoraggiata ogni volta che il bambino piangeva per una qualunque ragione a prenderlo in braccio e consolarlo, del tutto naturalmente. In nessun caso doveva cambiare il tipo di abbraccio, sciogliersi da esso, allontanarsi dal divano, distrarre il bambino con un giocattolo, ecc. Il bambino doveva riconoscere per mezzo di questo abbraccio (o meglio, terapia dell'abbraccio, perché prescritta da un terapeuta) che sua madre era stabile e affidabile e che poteva fidarsi di lei. Affinché anche lei si percepisse come una madre forte, l'ho spronata a guardare il bambino negli occhi e a dirgli: «Sono la tua mamma, tu sei il mio piccolo bambino. Non hai un'altra mamma che possa proteggerti e guidarti finché sei piccolo. Sono la tua sola mamma e la migliore che ci sia. Io so meglio di te cosa sia meglio per te. Rimarremo fermi qui e io ti consolerò finché non comprenderai che sono il tuo punto fermo e inamovibile su questa terra. Ti terrò stretto finché non ti sentirai di nuovo bene».

Anche il padre era presente a questa consulenza. Prima che iniziassimo la seduta la madre aveva espresso il desiderio di sedersi in grembo al marito per sentire la sua protezione alle spalle (aveva visto una cosa del genere in una foto). La dissuasi dal farlo: doveva trovare la sua forza materna in sé e non nel marito. Questi poteva tenerle le mani e guardarla in volto per trasmetterle il suo amore. La seduta durò appena un'ora. Quanta più sicurezza irradiava la madre, tanto più felice diveniva il figlio, che si addormentò anche, con gran gioia dei genitori.

Al padre consigliai di essere lui nella seduta successiva ad abbracciare il figlio come ora aveva fatto la madre, affinché anche il legame con lui divenisse più fiducioso e più saldo.

Questo non era però lo scopo della consulenza, che consisteva nei disturbi del sonno, nel trovare cioè un luogo, che non fossero le braccia della madre, dove il bambino potesse dormire con soddisfazione sua e dei genitori. Questi non volevano che lui, a soli quattro mesi, dovesse già starsene solo in camerina e io ero d'accordo. Le alternative consistevano nel ben noto lettino, che ricordava esperienze poco piacevoli, o nell'amaca. Rinunciammo in questo caso alla via di mezzo della culla, poiché ben presto il bambino sarebbe stato troppo grande per starvi dentro, col pericolo di cadere nei suoi tentativi di movimento.

Ci decidemmo per l'amaca, non solo nella speranza di aprire un nuovo capitolo per mezzo del nuovo luogo del sonno, ma soprattutto a causa della mia opinione che il bambino necessitasse di una stimolazione dell'equilibrio più intensa, altrimenti non avrebbe richiesto così fortemente e quasi costantemente dei movimenti ritmici. Lo stesso giorno fu montata e sistemata accanto al lettone, sul lato della mamma (come adoperare correttamente un'amaca è descritto più avanti nel capitolo *Il luogo sicuro*), poiché lei lo allattava sempre una volta o due per notte. L'allattamento avveniva allora non più nel lettone (per non farlo abituare ad addormentarsi lì) ma da seduta sul bordo del letto, senza permettere che si addormentasse al seno, poiché il bambino pretende di trovare al momento del risveglio lo stesso scenario di quando si è addormentato e altrimenti pretenderebbe, pur senza aver sete, di avere di nuovo il seno. Perciò allattamento, ruttino e poi, ancora svegli, nell'amaca.

Fin dalla prima sera il bambino si adattò a questo schema senza alcun problema. L'aspetto determinante era la madre ora del tutto sicura, capace di tenere un atteggiamento deciso e senza oscillazioni, felice di poter mettere il bambino a dormire tranquillamente nell'amaca e poter sedere accanto leggendo finalmente quel libro che da mesi aspettava sul comodino. Alla successiva seduta terapeutica la famiglia non venne neppure, disdicendo l'appuntamento a favore di un'altra coppia più bisognosa di assistenza.

Dopo l'allattamento tenete il bambino ancora sveglio per un po', fategli fare il ruttino e poi coricatelo nell'amaca.

Forse questa giovane coppia ce l'avrebbe fatta anche senza terapia e sarebbe stata sufficiente una consulenza che indirizzasse i loro sforzi nella giusta direzione.

Dove la consulenza non arriva, serve la terapia

Pensiamo al padre la cui moglie ha voluto separarsi da lui e il cui figlio Jacob lo rifiutava. Come lo si sarebbe potuto aiutare? O meglio ancora: come si sarebbe potuta aiutare tutta la famiglia?

In questo caso si sarebbe dovuti riccorere necessariamente a una terapia. E questa sarebbe stata sicuramente più lunga del caso appena descritto, dove erano bastati buon senso e un pri-

mo aiuto. Si sarebbero dovuti chiarire molti interrogativi più difficili: perché la giovane moglie aveva rifiutato i rapporti sessuali con suo marito nei due anni successivi alla nascita del bambino? Con quali conseguenze sul coniuge? Com'era il sesso prima? Che ruolo giocava il piccolo nel letto di sua madre? Qual era il motivo per cui lei si faceva tormentare così smisuratamente dal figlio, dandogli la precedenza sul marito? E perché ciascuno dei due adulti aveva rinunciato alla sua dignità? Le risposte potevano giungere soltanto attraverso precise direttive terapeutiche che penetrassero velocemente in profondità negli intrighi familiari (per esempio la terapia familiare sistemica o l'analisi transazionale), così che i disturbi potessero essere trattati.

Da questo esempio risulta chiaro che non sempre i disturbi del sonno di un bambino sono le cause delle tensioni in famiglia, ma sono talvolta da considerarsi come conseguenze di disturbi che risalgono alle storie familiari dei genitori e perfino dei nonni. Questi disturbi sarebbero probabilmente rimasti nascosti in un matrimonio senza figli, ma il bambino funziona da catalizzatore.

Rinuncerò in questo libro alla descrizione di questi seri disturbi e delle relative terapie. La storia dei genitori di Jacob ci servirà soltanto come rimando alla eventuale necessità di una terapia. Se i suoi genitori l'avessero cercata in tempo, ognuno sarebbe stato singolarmente aiutato a portare alla luce e a rimuovere il suo disturbo inconscio. In questo caso la guarigione del disturbo del sonno di Jacob avrebbe avuto una portata maggiore, ma la separazione dei genitori lo ha impedito, facendoli ritornare ognuno ai suoi problemi irrisolti, che non permettono loro di diventare adulti. Nei loro rispettivi prossimi matrimoni le cose non andranno meglio, e anche i figli che ne nasceranno soffriranno di disturbi del sonno, atteggiamento tirannico e simili.

Conosco molti altri genitori, i quali sono entrati in terapia dopo che la minacciata fine della loro famiglia li ha scossi. Come mi sarei comportata in un caso simile a quello della famiglia di Jacob? Descrivendo il procedimento terapeutico, mi atterrò qui principalmente al trattamento del disturbo del sonno, citando solo di sfuggita le precedenti sequenze terapeutiche. Dopo che ciascuno dei genitori ha potuto far luce nella storia della propria vita, rintracciandovi la causa della sua mancanza di sicurezza, i due si confrontano. Faccia a faccia si dicono i reciproci difetti e avanzano le proprie richieste. Solo una volta che rabbia e disperazione siano state espresse, nasce il desiderio di rinnovare l'amore. Solo quando i due sono di nuovo una coppia di genitori, quando cioè non esiste più alcun vuoto nel rapporto coniugale, che il bambino è costretto a colmare con un atteggiamento tirannico, essi sono spronati a porsi come genitori e ad assegnare al bambino il suo posto. Questo compito si esegue nel modo più facile con la terapia dell'abbraccio: ciò è stato riconosciuto dal premio Nobel Niko Tinbergen, che l'ha fondata, come il tipo di terapia più immediato per i legami distorti. I legami affettivi fra gli individui vengono in tal modo trattati attraverso il metodo della "protezione del nido", un procedimento naturalissimo, conosciuto fin dall'antichità. Come ho aiutato la madre di Jacob a venir fuori dall'allattamento di un bambino di due anni?

Come terminare l'allattamento

Quando Jacob di notte pretende con insistenza il seno della madre, lei gli comunica che da ora in poi non glielo darà più. Basta con l'allattamento. Con un abbraccio accoglie il violento sfogo rabbioso del bambino, non permettendogli di essere aggressivo materialmente, ma neppure picchiandolo. Lo tiene in un abbraccio stretto, saldo e tuttavia dolce, che non gli permette di colpirla con mani o piedi. Gli concede però di esprimere verbalmente tutta la sua furia. «Urla, urla tutta la tua rabbia. Lo so che è tanta, ti capisco. Urla quanto vuoi, ma non ti allatterò più». Se al bambino riesce di mordere la madre, lei non deve restituire il morso, ma esprimergli risolutamente il suo dolore e la sua rabbia: «Fa male! Non mi devi mordere!». Continua a tenerlo saldo finché lui non capisce che ha sempre un posto nel cuore della madre, ma fra lui e il seno c'è ormai una barriera insormontabile. Solo quando il bambino lo comprende e fra lui e la madre iniziano nuovamente le coccole, può essere lasciato libero dall'abbraccio. Se però, come nel caso di Jacob, il bambino si è sempre addormentato al seno, deve anche reimparare ad addormentarsi. Finché dura l'effetto dell'esperienza dell'abbraccio, la madre ha la grande opportunità di mettere il bimbo nel lettino e farvelo addormentare, dopo avergli dato il biberon.

Come far staccare il bambino dalla madre

In maniera molto simile si deve comportare il padre, quando il bambino lo rifiuta e vuole solo la madre. La fase più delicata di questo processo si situa a partire da circa l'ottavo mese. Si parla dell'ansia dell'ottavo mese, che causa vergogna e timidezza. Il bambino è ora in grado di distinguere fra i familiari e gli estranei, si rende conto del legame con i primi e può sentirne dolorosamente la mancanza. Questo fatto è un bene. Il padre non deve però diventare un estraneo, per lui il bambino deve sviluppare un legame altrettanto profondo come per la madre. Ciò non può però realizzarsi se la madre, per un qualsiasi motivo, lega a sé il bambino, allontanandolo dal padre. La causa di ciò è da ricercarsi molto spesso nella vanità della madre, condita di un pizzico di egoismo. «Io so trattarti meglio del babbo, vieni da me, che ti so calmare più velocemente». Se il padre lo permette e non oppone resistenza, o, ancora peggio, non è in grado di spiegare alla moglie l'ingiustizia del suo comportamento, si origina un disturbo nel rapporto padre-figlio. La strada è spianata per creare un bambino mammone.

La cosiddetta paura dell'ottavo mese è una fase altamente sensibile.

Agisce bene quella madre che ritiene che i genitori debbano esercitare il loro influsso sul figlio non contrapposti l'un l'altro ma di comune accordo. «Caro bambino, questo è il tuo babbo. Il tuo unico babbo. Non ne esiste uno migliore e con lui starai benissimo. Io lo amo molto e desidero che anche tu faccia lo stesso e mi adopererò in ogni modo affinché sia così. Perciò voglio che adesso tu rimanga con lui». Questo messaggio d'amore della madre deve essere ascoltato dal bambino in presenza del padre e se nonostante ciò egli reagisce aggressivamente nei suoi confronti, come faceva Jacob, il padre ha il diritto, anzi il dovere, di confrontarsi con lui. Il modo migliore per farlo è di nuovo l'abbraccio, che permette a entrambi di esprimere le frustrazioni e le resistenze, ma dà loro anche la possibilità di sperimentare il legame e l'immedesimazione che nasce dalla prossimità. Non da ultimo il bambino giunge a riconoscere che suo padre è per lui molto importante e che stretto nel suo abbraccio può guardare in alto a lui come a un modello da imitare.

Riassumiamo le informazioni più importanti di questo capitolo:

- La sicurezza di sé, della madre e del padre, è il fondamento sul quale il bambino può trovare la tranquillità.

- Fidatevi di voi stessi e godete dell'opportunità di fidarvi del coniuge.

- Tenete fede a una linea e non fate troppe variazioni.

- Liberatevi, parlandone, dei sensi di colpa immotivati.

- Sfruttate i vostri errori, cercando di trarne insegnamento.

- Scegliete un solo manuale e seguitelo.

- Se non riuscite a farcela con le vostre forze né con quelle della vostra famiglia, cercate un buon terapeuta.

- Fatevi riconoscere da vostro figlio con chiarezza come il padre e la madre adulti. Non assumetevi solo il diritto, ma anche il dovere della cura di vostro figlio, il quale, per la sua immaturità, non può ancora decidere cosa sia meglio per lui.

- Permettete che vostro figlio sia deluso e furibondo quando non esaudite i suoi desideri: è il modo migliore per fargli comprendere che capite la sua rabbia, ma che non cambiate la vostra decisione è un saldo abbraccio. Non abbiate neppure timore di esternare la vostra rabbia al bambino quando è un po' più grande; solo così egli ha la possibilità di conoscere i vostri sentimenti e di manifestarvi il proprio rispetto. Provvedete sempre a che i conflitti vengano appianati e che regni di nuovo l'armonia.

Quando provvedere all'involucro e al luogo sicuro

Se avete letto con attenzione fina a ora, non sarà difficile derivarne le raccomandazioni. Si tratta di:

- frenare beneficamente l'irrequietezza motoria del bambino,
- garantire al bambino che si sveglierà nelle stesse circostanze in cui si è addormentato (sicurezza del nido) e
- proteggere il bambino dagli impulsi a rimanere sveglio.

L'involucro

Non è necessario avvolgere il bambino così stretto, così spesso e così a lungo come facevano gli indiani. Non è una nostra usanza, i bambini europei di oggi sono abituati a godere di maggiore libertà. Fasciatelo quindi largo, ma senza cadere nell'altro estremo: troppa libertà dà ai bambini piccoli troppi stimoli e li fa inquietare. Il neonato è abituato all'involucro del ventre della madre. Continuate dunque a procurarglielo; trasportarlo spesso con un telo raggiunge questo scopo. Ma attenzione, non ogni trasporto è buono. È importante che la posizione del corpo del bambino sia fetale e che abbia il volto in direzione del suo trasportatore. È indifferente invece che sia allacciato alle spalle, ai fianchi o alla pancia. Anche i suoi piedi devono percepire le pareti del nido, perciò dovrebbe almeno avere delle scarpine di

Il neonato è ancora abituato all'involucro che aveva nel ventre della madre. Ritrovate soluzioni che ricordino questo involucro.

maglia. Sempre più si vede, però, come si vada contro a questo tipo di trasporto; per esempio, i genitori trasportano i bambini in marsupi posti sulla pancia, ma alle spalle, così che le braccia e le gambe del bambino fluttuano nel vuoto e i suoi occhi non possono vedere il corpo conosciuto, bensì sono esposti all'eccesso di attrazioni del mondo esterno. Anche gli altri sensi sono sovrastimolati: il bambino non può odorare il padre e la madre, al cui posto subentrano i gas di scarico delle auto; nelle sue orecchie penetrano i rumori della strada, i quali pongono sullo sfondo il battito del cuore della madre e la sua voce. Trasportare in questo modo è completamente sbagliato. Invece di proteggerlo dalle molte attrattive estranee, viene esposto a una quantità di stimoli ancora incomprensibili.

Provvedete affinché nei primi due mesi dopo la nascita il bambino abbia un buon involucro dato dalla fasciatura, anche se non lo trasportate. Quanto più il bambino cresce e acquista funzionalità dei movimenti, tanto più gli si può concedere libertà di movimento. Se però deve acquietarsi e soprattutto addormentarsi, un nascondiglio nelle coperte gli farà senz'altro bene. Questo bisogno si protrae a lungo negli anni, per alcuni fino all'età adulta.

Nei primi due mesi dopo la nascita provvedete a una buona fasciatura che faccia da involucro.

Annovero fra gli involucri protettivi anche tutte quelle altre misure di riparo contro i fastidi, come per esempio un velo antizanzare. L'estate scorsa ho avuto modo di vedere come in molte famiglie i bambini fossero posti a fare il pisolino pomeridiano nelle loro camerine con le finestre ben chiuse contro vespe e zanzare e per di più con un antizanzare elettrico inserito; le stesse madri si curano magari di comprare solo frutta biologica e pane integrale. Che assurdità!

Il bambino andrebbe protetto, quando possibile, anche dai rumori non necessari. Questo non vuol dire che gli si debba procurare un ambiente completamente insonorizzato per dormire, ed è facile capire il perché: se si abitua alla totale assenza di rumori, qualsiasi lieve fruscio ne disturberebbe il sonno.

Dell'involucro che difende il bambino dagli inconvenienti fa parte anche un locale aerato, con sufficiente umidità nell'aria.

L'aria troppo secca, presente in molti degli appartamenti con riscaldamento centrale, fa svegliare spesso il bambino per la sete. Provvedete anche a creare un'atmosfera rilassata. Le esplosioni emotive e un'atmosfera pesante strapazzano il bambino più di uno sciame di vespe; e non c'entra nulla il fatto che il bambino non capisca le parole o i motivi di eventuale litigio: egli dispone ancora del sesto senso che gli permette di percepire i sentimenti distruttivi. In un'atmosfera carica si sente minacciato e non può sprofondare nel mondo dei sogni. Tenete sempre presente il fatto che il bambino vi ascolta e terminate i vostri litigi prima che lui vada a letto: se non ci riuscite, non servirà fingere, il suo sesto senso se ne renderà conto; meglio allora dirgli apertamente: «Io e il babbo abbiamo litigato. Non si tratta di te, riguarda soltanto noi. Faremo in modo che tutto torni a posto, stanne sicuro e dormi tranquillo». Non pensate che il piccolo non sia in grado di comprendere il vostro messaggio, non capisce certo le singole parole ma gli giungono la volontà di pacificazione e la sicurezza interiore che vuol conferirgli fiducia e fermezza.

Proteggete il bambino dai rumori inutili.

Provvedete a creare una atmosfera rilassata.

Il luogo sicuro

Partite dalla considerazione che ogni cucciolo, uomo o animale, ha un solo e unico nido o tana. La natura ha così provveduto affinché il giovane essere potesse sviluppare a poco a poco i suoi sensi, movimenti e relazioni usufruendo della protezione che esso offre. Qui egli si addormenta e qui si risveglia.

Non fate eccezioni per il vostro bambino. Egli necessita della stessa immutabilità per ciò che lo circonda; quanto si offre ai suoi occhi al momento dell'assopimento dev'essere immutato al risveglio. Il telo da trasporto assolve a questa necessità: che il bambino si risvegli in cucina, per la strada o in un negozio è ininfluente. L'importante per lui è soprattutto il permanere presso la mamma, che può percepire, odorare, udire e vedere come al solito. Tuttavia, nonostante questa immutabilità, può sorgere una difficoltà: se il bambino per esempio si addormenta continuativamente col capezzolo in bocca, pretenderà automaticamente di averlo anche al momento del risveglio; se si addormenta ballando sulla spalla del padre, quando si sveglierà non avrà pace finché non si ritrovi a ballare sulla sua spalla. È un semplice automatismo. Nel corso di ripetute esperienze, le cellule cerebrali elaborano una coazione a ripetere, cioè un'abitudine, che si rinforza ogni volta che la madre va incontro al bambino offrendogli il capezzolo e il padre prendendolo sulla spalla.

Provvedete affinché il bambino, al risveglio, si trovi nell'identico scenario in cui si è addormentato.

La raccomandazione è quindi *di non rinforzare nulla che crei delle circostanze atte a far addormentare il bambino.*

Durante il sonno affiorano più volte delle fasi nelle quali esso è più leggero. I sensi, per metà all'erta, desiderano sincerarsi che le pareti del nido sussistano ancora. Provvedete quindi a che il bambino trovi questa conferma nel modo meno stressante possibile; gli sono sufficienti il cuscino conosciuto, l'orsetto, le tendine con il solito disegno, il mobile usuale accanto al lettino, eventualmente il ciuccio. In questo caso la presenza umana non è così importante, a volte è perfino negativa, poiché le persone non sono mai immutabili e affidabili come le cose inanimate, che forniscono al sonno una sicurezza più importante per il bambino che il rifugio offerto dalle persone, così mutevole. A cosa serve al bambino tutto l'amore dei genitori se, a causa dei molteplici tentativi di addormentarlo, lui non riesce ad acquietarsi e non trova niente cui affidarsi?

A questo punto si pone spesso la domanda se si possa o si debba prendere il bambino con sé nel lettone. Non esiste nulla in contrario a farlo. Si può addirittura far dormire anche più di un bambino nel lettone: nessuno è mai stato danneggiato dal dormire insieme ad altri, se c'è spirito di adattamento e considerazione delle esigenze altrui. A conferma di ciò posso portare molte esperienze riferitemi, e anche personalmente vissute, che mi permettono di affermare: concedete al vostro bambino di dormire nel lettone,

- se entrambi i genitori sono d'accordo,
- premesso che lui non si allarghi a vostre spese (un tipico caso di oggi: poiché grazie al riscaldamento centrale non deve essere fasciato, il bambino dispone le sue gambine nude sulla pancia del babbo, guadagnando sempre più spazio, finché costui non preferisce andare a dormire in cameretta),
- fintantoché non acconsentite ai suoi frequenti desideri di poppare al seno o al biberon, di essere preso in braccio, ecc. e gli fate capire che deve rispettare il riposo altrui.

Poiché, comunque, dormire insieme comporta tutte queste attenzioni e un delicato equilibrio, raccomando di abituare quanto prima il bambino al suo proprio letto, o meglio alla culla o all'amaca poste a lato del lettone, a motivo della stimolazione ritmica.

L'amaca possiede alcuni vantaggi nei confronti della culla:

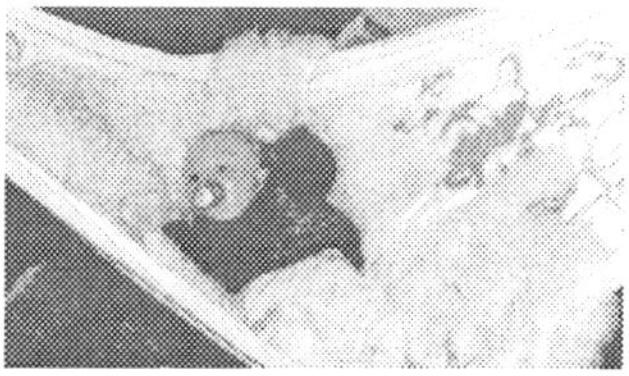

- si può utilizzare per un tempo più lungo;
- è più affidabile, poiché il bambino può arrampicarsi e cadere più facilmente fuori dalla culla che dall'amaca, la quale può essere coperta sopra;
- offre un involucro più sensibile;
- si muove da sola alle più piccole sollecitazioni da parte del bambino, senza necessità di spinta da parte dei genitori;
- se il bambino ha bisogno di un movimento più accentuato, lo si ottiene con una leggera spinta.

È comunque consigliabile fornire l'amaca di un materasso, dove il bambino possa stare più comodo.

La sicurezza del luogo è difficilmente separabile dal ritmo

perché queste due importanti condizioni per l'equilibrio interiore agiscono insieme nel caso ottimale. Per questo il prossimo capitolo parlerà del ritmo.

Prima però vorrei assumere posizione nei confronti dell'accensione della luce durante il sonno. Contrariamente ai tempi passati, in cui il costo delle candele e dell'energia elettrica rendeva proibitivo dormire a luce accesa, sento spesso oggigiorno esprimere autentico orrore di fronte alla prospettiva di dormire al buio. È forse la lampada accesa una compensazione per la propria infanzia? La vista diventa forse più importante (televisione, computer, ecc.) nella nostra società che non il sentimento? Singolarmente, ma comprensibilmente, la maggior parte dei disturbi del sonno si verificano in famiglie dove la notte si dorme con la luce accesa. Il bambino ne riceve molti stimoli, che lo tengono sveglio, e può vedere le conseguenze dei suoi movimenti. Ma non solo a causa di ciò, bensì in generale, penso che sia meglio dormire senza luce artificiale. Affinché il bambino abbia la sua sicurezza a letto è sufficiente la normale luce crepuscolare notturna, tutt'al più rinforzata da una lampadina notturna molto debole. Il cuscino e gli altri oggetti e soprattutto la vicinanza del regolare respiro dei genitori sono da lui percepiti con altri sensi.

È meglio dormire senza luci artificiali.

Come dare un ordine attraverso il ritmo alle energie vitali

Avrete sicuramente già notato come i casi nei quali il bambino decide autonomamente con quale ritmo debba essere allattato, con che velocità la madre lo debba far camminare in qua e in là o con quale intensità lo si debba cullare intervengono quando il bambino deve sostituirsi ai genitori insicuri; egli deve cioè provvedere da solo al ritmo quando questo non gli viene fornito.

Siate quindi voi a condurre il gioco e a determinare il ritmo per il bambino. Dategli piuttosto di più di quanto egli non pretenda: quando i bisogni sono insoddisfatti, insorge una carenza che il bambino cerca di colmare da solo; la sazietà genera invece il senso di pienezza.

Gli ambiti nei quali il ritmo ha un'importanza decisiva sono molteplici. Essi vanno dal cuore della madre che culla il bambino in pancia, alla regolarità del respiro e della circolazione sanguigna, dalla suddivisione in giorno e notte alle pause fra i pasti e i processi digestivi, fino ai rituali dell'ordine del giorno e delle coccole, del gattonare e del camminare, del cantare e del parlare.

Nel ritmo sono infatti incluse tutte le forze vitali, così come anche sole, terra, luna e l'intera galassia si muovono con precisi ritmi. Non riesco a esprimere la grande importanza del ritmo meglio di come ho fatto in un libro sui bambini inquieti e sui genitori inquietati scritto con la mia amica, la pediatra Christel Schweizer: «Quando il suo bioritmo è in sintonia con i ritmi esterni l'uomo si sente bene e libero, è in equilibrio, può riposarsi, ha coscienza di sé [...] Il ritmo collega lo stato fisico e quello spirituale [...] Il bambino non può conformarsi da solo a questo molteplice ritmo. Per poter trovare il proprio bioritmo deve incontrarsi con un ritmo nell'ambiente circostante, che solo i genitori gli possono trasmettere».

Osserviamo ora più da vicino i singoli ambiti dell'azione ritmica.

Cullare, dondolare, accarezzare, massaggiare, cantare...

Questi ritmi sono facilissimi da compiere e da eseguire. Ma non ogni bambino ha lo stesso bisogno di forti stimoli; alcuni pretendono, tramite alti strilli, di essere cullati così velocemente che si potrebbe parlare piuttosto di un agitare; altri sembrano reagire con malessere al dondolamento. Osservando con la percezione tipica dei genitori, troverete sicuramente la misura più adatta per vostro figlio. In ogni caso è vantaggioso proseguire, già subito dopo la nascita, l'abitudine alla vibrazione ritmica che era iniziata in pancia, ampliandola e mantenendola costante.

All'ampliamento concorrono il trasporto a contatto con il corpo dei genitori, il parlargli continuamente in modo ritmato («Ehi, ehi, ehi, chi abbiamo qui?»), il massaggio di tipo antico (per esempio il massaggio indiano così come è descritto nel libro *Morbide mani* di Fréderick Leboyer), il mantenimento della successione degli eventi durante il bagnetto e l'asciugatura, l'esecuzione delle canzoncine conosciute, ecc. Questo sarebbe il tema per un altro libro, ma qui dobbiamo occuparci soltanto di come si addormenta un bambino.

Addormentarsi

È importante distinguere fra le attività di stimolazione e quelle di rilassamento che si offrono al bambino. Le prime sono destinate al giorno, le seconde alla notte. È così più facile per il bambino già dai primi mesi distinguere il giorno dalla notte e comportarsi di conseguenza. Anche secondo il tipo di sonno il bambino deve accorgersi della differenza fra il sonno giornaliero e quello notturno. Osserviamo perciò il bisogno di sonno che si protrae anche durante il giorno. Intendiamo dire a tale proposito che è qualcosa di simile al bisogno di ritmo, cioè che non tutti i bambini abbisognano dello stesso periodo di sonno. Alcuni hanno bisogno di più ore di sonno, altri meno e i genitori devono considerare queste diversità. In media il sonno occupa fino al terzo mese da 15 a 16 ore al giorno, dal quarto al sesto mese da 14 a 15 ore e dopo, fino all'inizio dell'età scolare, da 12 a 13 ore. Nel corso del primo anno il sonno giornaliero si trasferisce sempre di più alla notte, con il pisolino pomeridiano che fa da ponte, fino a scomparire nell'età dell'asilo.

Si deve addormentarsi sempre nelle solite immutabili circostanze.

Le molte ore del sonno giornaliero il bambino le deve trascorrere in condizioni diverse: nella culla, nel telo da trasporto mentre la mamma fa la spesa, in grembo, in carrozzina alla luce mentre le persone nei pressi conversano, coperto o scoperto. Al contrario il sonno notturno deve avvenire sempre nelle stesse condizioni, strettamente immutabili.

- Stabilite con il coniuge un accordo sulle regole del sonno e della sua durata.
- Decidetevi per un luogo ben preciso e mantenetelo. Se è il lettino deve rimanere il lettino, senza indecisioni che sono subito captate dal bambino.
- Accordatevi anche sul modo di addormentarsi, affinché entrambi i genitori possano adempiervi e il bambino impari ad adeguarsi a queste regole. Il mio suggerimento a questo riguardo è uguale per tutte le età: prima di andare a letto si svolge uno speciale rituale, che conduce con sicurezza al rilassamento e all'attesa del sonno.

I seguenti rituali si adattano a dei bambini piccoli: bagnetto, massaggio, fasciatura, allattamento (con la madre seduta!), coccole, ruttino, oscurità in camera, bambino a letto (ben avvolto nelle coperte!), altre carezze di buonanotte, segno della croce sulla fronte e ninnananna o preghiera (sempre le stesse). La sollecitazione ritmica monotona conduce il bambino nel mondo dei sogni.

A seconda di quale luogo avete scelto per il sonno cambia l'offerta del ritmo. Il grande vantaggio dell'amaca consiste nel fatto che essa si mette in moto da sola o con l'aiuto di una piccolissima spinta, laddove una culla deve essere continuamente tenuta in moto. Se il bambino è in un lettino statico egli può aiutarsi con il ciuccio per il ritmo, oppure dovete essere voi ad accarezzarlo, eventualmente azionando un carillon, facendo suonare un CD di ninnananne o mettendo in moto un metronomo. In ogni caso è bene per il sonno protetto che il genitore rimanga presso il bambino finché questi non si addormenta. Poi si può lasciare un capo di abbigliamento del babbo o della mamma nel lettino come ricordo: un foulard che abbia l'odore della mamma fa bene al bambino.

Per i bambini più grandi ci sono alcune leggere modifiche da apportare: bagnetto, lavaggio dei denti, parlare con la mamma o il babbo delle cose belle e brutte della giornata, lettura di una storia, che però non sia troppo appassionante, e assolutamente niente televisione. Le cose appassionanti devono aver luogo durante il giorno, non poco prima di addormentarsi. (Accade anche agli adulti di non potersi addormentare perché non riescono a smettere di leggere un libro o di guardare un film che li avvincono). Ultima bevuta, pipì e poi a letto. Mamma o babbo siedono accanto a lui, lo accarezzano e lo coprono, dicono una preghierina e solo quando è addormentato si allontanano.

Dormire senza mai svegliarsi

Il comandamento più importante è: mai nessun cambiamento! Per il bambino più grande ciò vuol dire che non appena si è disteso a letto ed è stato coperto non può più mettersi a sedere né tantomeno alzarsi, o fare domande o chiedere ancora da bere. Decisamente e con amore (i due atteggiamenti non si escludono a vicenda, anzi sono complementari) la madre impedisce i tentativi di distrazione dal sonno e provvede a che il bambino sia certo del fatto che, dopo aver dormito senza interruzioni, il mattino dopo la troverà a lato del lettino.

Il rifugio sorge dall'orientamento affidabile su confini sicuri.

La cura dei genitori fa sì che il bambino non si imprima nel cervello le frequenti fasi di veglia, come accade alle guardie notturne, che per tutta la vita hanno problemi a dormire senza svegliarsi. La cura dei genitori rende possibile al cervello del bambino di abituarsi a un sonno lungo e profondo, che aiuta anche a essere ben svegli durante il giorno.

Nel caso di un bambino piccolo, che ancora non può andarsene da solo dal lettino, riesce molto più facile non acconsentire ai suoi desideri, che sviano dal sonno. I genitori devono però essere fermamente convinti della necessità di insistere sull'obbligo di rimanere distesi finché non si dorme.

Molti genitori giovani tendono tuttavia a diventare morbidi e cedevoli se il bambino pretende di poppare. «Che razza di madre sarei, se negassi il seno a mio figlio?»; «Come padre non posso certo lasciare mio figlio a patire la sete tutta la notte». E una giovane madre, che continuava ad allattare di notte la figlia di quattro anni, mi chiedeva: «Il bambino non ha forse bisogno della soddisfazione orale come rifugio?». Il motivo della consulenza risiedeva per lei non certo nell'allattamento, bensì nella problematica del distacco. La bambina si teneva sempre stretta all'orlo della gonna della madre e rifiutava ogni contatto con gli altri bambini, particolarmente all'asilo. Faticai a spiegarle in quale rapporto stessero i bisogni orali con il rifugio. Nei primi due anni di vita la bocca è effettivamente per il bambino l'organo più sensibile, che realizza un legame con la madre che nutre e protegge. Questa però è solo una delle fonti del rifugio, le altre risiedono fra l'altro nella comprensione empatica degli autentici bisogni del bambino, i quali non si esauriscono solo nel legame, ma anelano anche alla separazione. Il rifugio non sorge solo tramite la continua fornitura di latte da parte di una madre arrendevole, ma anche grazie al sicuro orientamento dato da confini chiari, posti da una madre matura con amore e fiducia.

Se l'iperpsicologizzazione dell'educazione riduce il simbolo dell'oralità all'assunzione del nutrimento, ne consegue una disgrazia. Le vittime di questa tendenza sono gli alcolizzati e i bulimici. La dipendenza consegue da una formula molto semplice: se il bambino si è abituato a colmare ogni piccola insoddisfazione con una poppata, questo legame si imprime per la vita. La mamma arrendevole fornirà poi anche alla figlia drogata o alcolizzata quell'alcol e quella droga che le serviranno a stordirsi.

Per prevenire in tempo simili disgrazie, esaminiamo più da vicino la pericolosità di non sapere equilibrare i momenti del riposo e del nutrimento. Ci sono infatti altri effetti nefasti, che si manifestano non solo nell'animo, ma anche nel fisico.

Non collegate mai il bere con il dormire!

Per motivare questo avvertimento mi è riuscito di guadagnare alla causa il pediatra Michael Rohr. L'ho conosciuto anni fa alla clinica pediatrica di Tubinga, apprezzandolo già allora per il suo modo di vedere globale circa l'evoluzione del bambino. Oggi opera nel suo studio di Friburgo. Come me, è preoccupato per il gran numero di storture nel trattamento dei bambini di oggi. Da alleati su un tale terreno ci siamo incontrati a un congresso ed ho avuto l'occasione di porgli alcune domande.

Dottor Rohr, pensavo di avere rivelato a sufficienza le conseguenze patologiche delle pretese eccessive nei confronti dei bambini di oggi, quando viene loro concesso di decidere il modo in cui essere accuditi. Nei miei libri sul piccolo tiranno e sui bambini irrequieti ho descritto i danni intellettivi che patiscono questi bambini e con loro i genitori. Con il suo contributo lei mi ha confermato tutto ciò, aprendomi però nel contempo un'altra prospettiva sulle storture in ambito fisico e psicosomatico. Io so che circa la metà dei bambini interessati devia dal normale sviluppo della personalità, perché già nell'infanzia potevano decidere quanto spesso, dove e cosa bere o mangiare. La maggior parte delle volte ciò accadeva di notte. Prima perciò di affrontare il tema del "sonno bevitore", come lei chiama questo stato, vorrei chiederle il suo parere sull'allattamento notturno, al seno o al biberon.

Rohr: «Dipende dall'età: fino al terzo mese è del tutto naturale che il neonato non possa affrontare lunghe pause notturne. In generale, però, pongo l'attenzione sul fatto che non solo di giorno ma anche di notte il pasto termini chiaramente dopo la poppata, mettendo il bambino in posizione eretta perché faccia il ruttino. Un passaggio lento e graduale dalla poppata al sonno è dannoso sotto tutti i punti di vista: fisico e intellettivo.

Dal quarto mese in poi ogni lattante è in condizione di giungere a poco a poco a un affidabile ritmo giorno-notte e infine a dormire senza interruzioni».

Il suo concetto di "sonno bevitore" per indicare la connessione di sonno e bere è davvero adeguato. Quali effetti ha sul benessere del bambino questo tipo di sonno? Mi sembra particolarmente importante il rapporto con le coliche gassose e il vomito.

Rohr: «Quanto più un bambino si addormenta mentre beve tanto più fiacca diviene anche la sua muscolatura e perciò anche la tensione dell'addome. In un sacco floscio entra più roba, e inoltre i bambini si fanno sviare molto volentieri dal ciucciare senza fine, anche perché con la sonnolenza che aumenta non si nota subito che il pancino manda delle fitte. La quantità di liquido per ogni pasto è, di conseguenza, in molti casi una "bella pretesa" per lo stomaco, così che il suo ingresso a forma di imbuto si allarga sempre più e si chiude sempre peggio. A partire circa dalla quarta settimana questi bambini pretendono di mangiare ancora dopo il pasto, possono vomitare a fiotti e si sentono sempre peggio, poiché i succhi gastrici attaccano la superficie dell'esofago e causano acidità. Questa cosiddetta esofagite da riflusso è divenuta un problema sorprendentemente frequente».

Un profano della medicina incontra qui forse dei problemi di comprensione. Potrebbe spiegare più dettagliatamente questi processi digestivi così scombussolati?

Rohr: «Osserviamo con più precisione cosa accade nello stomaco durante un pasto: in un bambino sano allattato al seno lo stomaco, dopo pochi minuti, è già mezzo pieno. In uno allattato al biberon ci vogliono alcuni minuti in più. I succhi gastrici iniziano immediatamente il loro processo digestivo e la trasformazione delle proteine (dal latte si passa allo iogurt). Se dopo il ruttino arriva ancora qualche sorso lo stomaco lo accetta bene. Se però il pasto non è definitivamente terminato dopo 10, 15 massimo 20 minuti, e continuano a piovere altre piccole porzioni, allora il processo digestivo non può svolgersi correttamente. Al latte già acidificato e pronto a proseguire il viaggio nell'intestino si aggiunge latte fresco con proteine non trasformate. Quando questa miscela giunge, attraverso il piloro, nell'intestino, ciò causa le ben note coliche intestinali e un accentuato rallentamento riflesso del processo di svuotamento (il piloro si ingrossa). Il bambino è in una situazione penosa: all'organismo non giungono sostanze nutritive, in questo modo continua a sentire fame – quando addirittura non va in ipoglicemia perché gli zuccheri nel sangue calano – ed è eccitato, tremante e nervoso. Nello stesso tempo lo stomaco è pieno di una miscela poco utile di latte e formaggio. Il bambino sta male».

E quindi urla. E urlando ingerisce altra aria, che lo opprime e lo fa urlare ancora di più.

Rohr: «A ciò si aggiunge la stanchezza per lo stress. Il bambino è stremato, o peggio disperato, perché nonostante ogni sforzo non riesce a sentirsi sazio e prova invece malore, bruciori di stomaco, singhiozzo e dolori di pancia. Dorme per breve tempo a causa dello sfinimento, ma dopo poco la fame si ripresenta, finché stomaco e intestino, a singhiozzi, non riescono a digerire il nutrimento».

Ha già accennato al fatto che esistono differenze fra i bambini allattati al seno e al biberon. Il latte materno offre una protezione maggiore nel processo digestivo?

Rohr: «Ai bambini allattati al seno va sicuramente meglio. La digestione è più facile perché non vi si mischiano proteine estranee; tuttavia anche per loro è importante fare attenzione al giusto ritmo digestivo. Lo stomaco si sente meglio, quando è svuotato. Anche questi bambini possono soffrire di coliche o di stati colitici».

Cosa consiglia alle mamme quando pensano che il bambino stia soffrendo di coliche? Cosa devono fare per liberarne i bambini?

Rohr: «Le coliche sono naturalmente un tema differenziato. Esistono migliaia di ottimi consigli. Vorrei qui evidenziare un punto centrale secondo la mia esperienza: facilita di molto le cose il fatto che noi poniamo dei limiti ben precisi alla quantità e soprattutto alla durata della poppata, cosa di per sé non difficile, visto che il bambino ci dà quasi sempre dei segnali chiari. Dopo quattro-sei minuti di poppata frenetica il bambino rallenta, come se ci dicesse che è quasi sazio e che fra poco è il momento del ruttino. Fatto questo, dopo altri due-tre minuti possiamo far terminare il pasto e di seguito (non nella precedente breve pausa per il ruttino) cambiargli il pannolino, poiché spesso è proprio questo il momento in cui lui sta per averne bisogno».

Lei è dunque decisamente a favore del fatto che il bambino abbia tempo e spazio a sufficienza per tutti i suoi interessi. Uno dopo l'altro e non una mescolanza eterogenea.

Rohr: «Sì, giusto. Ci si dovrebbe rendere conto che i bambini vengono al mondo con una serie di bisogni basilari e che noi dobbiamo trasmettergli in qualche modo consolazione e rifugio. Un bambino che dopo il cambio del pannolino non riesce ad acquietarsi dovrà essere tenuto in posizione eretta contro il corpo del genitore, abbracciato e coperto, in modo che si senta protetto come nel ventre della madre. Di grande rilevanza sono i segnali vitali che egli percepisce lungo il corpo, cioè il respiro della madre, il battito del cuore, la voce, dei movimenti dolci e ritmici. Per digerire bene il bambino ha bisogno di essere ignorato: un rimedio fenomenale contro le coliche consiste per esempio nel mettersi a sedere sul divano con il bambino che strilla in braccio e iniziare a leggere una storia al fratello più grande, o a sé stessi; il bambino si acquieterà sorprendentemente presto».

Sì, la pacatezza è miracolosa. Anch'essa fa parte del senso del rifugio. Ma un'altra parte fondamentale è la chiarezza con la quale la madre struttura gli ambiti vitali del suo bambino: hai mangiato, ora puoi digerire in pace e poi...

Rohr: «Una seconda raccomandazione molto collaudata: due-tre volte al giorno facciamo in modo, dopo il pasto e il cambio del pannolino, di lasciare l'abitazione per mezz'ora, tre quarti d'ora, portando il bambino a giro in carrozzina. Ciò funziona meglio con le madri che già in gravidanza passeggiavano spesso, poiché il bambino se ne ricorda certamente.

Ancora due parole sul ruttino: distesi lo si fa molto peggio che in posizione eretta, meglio se sostenuti contro il corpo del genitore. Delle pacchine dolci e ritmiche sulla schiena o sul sedere e delle paroline consolatrici sono di grande aiuto.

Fra l'altro molti genitori mi hanno riferito che dopo l'introduzione di pasti regolati nella durata anche il ruttino non è più un problema».

Torniamo ancora ai disturbi, per amore di completezza. Che effetti può avere il "sonno bevitore" in lattanti e bambini più grandi? Lei parla di disturbi alla flora batterica della bocca e della faringe, di enfiagioni delle mucose e di infezioni. Qual è il rapporto fra questi fenomeni?

Rohr: «Una normale flora batterica della bocca e della faringe non è una costante ovvia, dipende invece fortemente dall'età, dalle abitudini e soprattutto dall'alimentazione. Essa cambia nel lattante con l'inizio dello svezzamento (particolarmente con l'introduzione delle verdure), in relazione alla prevenzione di malattie, soprattutto dal sesto mese in poi. Se si bevono liquidi nutritivi poco prima di addormentarsi o addirittura in una pausa del sonno, si verifica uno spostamento dall'ambiente basico a quello acido e la cosiddetta "fertilizzazione eccessiva", cioè un completo cambiamento della situazione con una crescita abnorme delle mucose e delle tonsille. La conseguenza è un continuo rigonfiamento delle mucose, una respirazione rauca, difficile, particolarmente verso il mattino ("raffreddore da latte") e mediamente un'accresciuta predisposizione alle infezioni».

Lei parla del cosiddetto deposito linfatico nei bambini che bevono nel sonno. Che si intende con ciò?

Rohr: «Quando a partire dal nono mese si danno al bambino dei piccoli pezzi di pane con un po' di contorno, non inizia a smuoversi qualcosa soltanto in bocca e nella faringe ma anche tutto intorno. Volto, mucose e migliaia di canali linfatici sottostanti vengono energicamente mossi e massaggiati; la linfa è pompata fra l'altro nelle tonsille e negli altri organi linfatici (le "antenne" del sistema immunitario). Il volto diviene un po' teso e meno smorto. Molti bambini che bevono nel sonno hanno un cosiddetto ristagno linfatico, cioè evidenziano un pallore cereo del volto con occhiaie e palpebre gonfie. Osservando la cavità orale si possono notare anche là dei mutamenti (nel palato, nelle gengive, nelle tonsille).

Sono due i motivi per i quali questi mutamenti sono più notevoli nei bambini che bevono nel sonno. L'assunzione del cibo non avviene con il prescritto massaggio fornito da un attivo linfodrenaggio durante il processo di masticazione, ma al contrario in condizioni di risucchio, cioè l'oppressione nella cavità orale conduce a una corrispondente stagnazione della linfa nelle mucose e nelle regioni circostanti, con uno stato di gonfiore della struttura delle mucose. Inoltre sulla superficie delle mucose permangono molto a lungo le condizioni dell'assopimento (arricchimento di sostanze nutritive, spostamento del pH, anche solo con l'assunzione di acqua, maggiormente con altri liquidi), perché non fluisce saliva e l'ambiente normale e sano viene ristabilito solo con molta lentezza. In generale sussistono le premesse ideali per una crescita abnorme dei germi e spesso si trova sulle mucose enfiate anche una miscela di saliva, muco e resti di latte, per cui non ci si deve poi meravigliare dei raffreddori cronici».

Si può avere come conseguenza di ciò anche l'ingrossamento di tonsille e adenoidi?

Rohr: «Il disturbo appena descritto dell'ambiente faringeo favorisce considerevolmente l'ingrossamento di tonsille e adenoidi, specialmente se c'è un'ereditarietà familiare in tal senso. Naturalmente ci sono anche altri fattori. Vorrei però accennare brevemente ad altre conseguenze, per esempio quale sia l'influsso sul portamento della colonna vertebrale.

Una menomazione nelle vie respiratorie alte (naso cronicamente stretto, ingrossamento delle adenoidi, ingrossamento delle tonsille, posizione scorretta della lingua, inclinazione a tenere la bocca aperta) causa un'eccessiva tensione della colonna vertebrale. La conseguenza è un tipico modo di tenere la testa e anche un cambiamento del profilo (più stretto, la mascella superiore leggermente piegata in avanti, palato con volta a punta, mento sfuggente) che qualsiasi otorino riconosce a volo. Le conseguenze di queste modificazioni anatomiche e funzionali sono poi oggetto dell'intervento di logopedisti e mandibolari, con enormi spese da parte dei pazienti e, non da ultimo, delle mutue».

Quanti bambini affetti dal "sonno bevitore" vede nel suo studio?

Rohr: «La loro percentuale è circa del 25%».

È una percentuale spaventosamente alta. Dovremmo cercare di fare un'opera di prevenzione maggiore con i bambini. Per i lettori di questo libro le sue informazioni sono di grande importanza. Può darci dei consigli su come fare? Quante volte si deve allattare il bambino di notte, da zero a tre mesi e da tre a sei? Da che età in poi non si deve più dargli da bere di notte?

Rohr: «Da zero a tre mesi il bambino può ancora determinare autonomamente il ritmo dell'alimentazione, premesso che lasciamo un intervallo minimo di due ore e mezzo-tre ore fra i pasti. Osservando questa regola gli intervalli si allungheranno in seguito automaticamente.

Da tre a sei mesi c'è un altro prezioso automatismo: se si riesce a integrare e a terminare i pasti con una piacevole conversazione fra madre e figlio, se si riesce a porre la poppata all'inizio e non alla fine di una pausa di veglia, se la capacità di assunzione di cibo diminuisce e il bisogno di dormire cresce, allora madre e figlio potranno godere al più tardi al quinto o sesto mese di un sonno completo. Un'eccezione è costituita ovviamente dai bambini con malattie congenite, oppure fortemente sottopeso e da quei bambini le cui madri cercano, anche al di là del sesto mese, di allattare soltanto; questo non è possibile se non con uno stimolo all'ulteriore produzione di latte che sia dato da una o due poppate per notte. In circostanze normali consiglio, a partire dal quinto-sesto mese, di sostituire il pasto serale con una pappa, alla quale non si deve in nessun modo dare l'aggiunta di una poppata o di un biberon. Se di notte compare la sete consiglio di dare acqua o tè freddo non zuccherato, da bere non al biberon ma al bicchiere. L'importante è non istituire un legame fra la poppata e la dormita. La sete deve quindi essere soddisfatta non a letto ma in bagno o in cucina. Gli altri possibili "canali di accesso" al sonno, come prendere in braccio, portare a giro in auto e simili non sono qui oggetto di discussione».

Molte grazie, dottor Rohr, per le sue preziose informazioni.

Date un ordine all'alternanza di giorno e notte e al corso della giornata

Avete già visto come sia importante per la salute fisica e psichica del bambino delimitare e distinguere chiaramente i suoi ambiti vitali. Ogni ambito ha le sue esigenze e fornisce stimoli diversi. Se questi ambiti sono ben suddivisi, il bambino può orientarsi. La suddivisione deve essere spaziale e temporale. Non si tratta qui soltanto, come nel capitolo precedente, di dormire e bere, bensì soprattutto della chiara differenza fra giorno e notte e anche delle diverse attività nel corso della giornata.

Per principio vi consiglio qualcosa di molto facile e ovvio, del quale ci si meraviglia che debba formare oggetto di così tante pagine di libro e addirittura di interi congressi.

- Date a ogni ambito vitale il suo territorio. Fate attenzione a che si dorma sempre in un luogo ben preciso e a orari ben precisi.
- Assegnate ogni pasto a un orario e a un luogo ben preciso, per esempio posizionate il seggiolone sempre accanto al tavolo da pranzo. Per il lattante il luogo è sempre ovviamente il seno della madre, non importa dove lei si sia collocata.
- Stabilite quale sia il territorio che il bambino deve usare per il gioco. Questo territorio deve essere separato da quelli per il dormire e il mangiare. Fate anche attenzione a che in ogni territorio si compia fino al termine l'attività a cui esso è destinato. Finito il gioco si ripongono i giocattoli. Il bambino rimane seduto finché non ha terminato il pasto. Dal letto ci si alza solo quando si è dormito a sufficienza.
- Non abbiate timore della rigidità di queste regole. Potrà sembrare un paradosso, ma il senso di libertà nasce solo dall'osservanza delle regole, che garantiscono l'orientamento nel tempo e nello spazio.

Riassumiamo ancora una volta come poter procurare un sonno tranquillo al bambino:

- Fate capire al vostro bambino la netta distinzione che esiste fra giorno e notte.

- Non collegate il sonno con altre attività del tipo bere, andare da un letto all'altro, ecc.

- Non cambiate luogo e ora del dormire.

- Fate sì che l'atmosfera sia rilassata e non ci siano litigi e malumori nell'aria.

- Fate in modo di "ritmare" le situazioni che conducono alla distensione (rituali, dondolii, ecc.)

- Non permettete deviazioni dalle regole. Siete voi a dettarle e non il bambino.

- E se il bambino nonostante tutto strilla? Allora lasciatelo strillare. Potete farlo con la coscienza tranquilla (premesso che, ovviamente, il bambino non sia malato) poiché gli avete dato tutto ciò di cui ha bisogno: ha ben poppato, ha il pannolino fresco, ha il ritmo e si trova vicino a voi. Non reagite più alle sue sollecitazioni e lui presto o tardi si calmerà.

Alcuni consigli per la soluzione dei disturbi del sonno nei bambini più grandi

Mi servirò di una storia raccontatami nel mio ambulatorio, così come ho fatto all'inizio di questo libro.

All'età di cinque anni Jasmin ricevette, con sua grande gioia, un fratellino. La gioia però non durò a lungo; la madre era occupata a giornate e nottate intere col neonato e il padre era sempre in viaggio. Fino ad allora aveva sempre dormito nel lettone, ma la madre cominciò a esserne sempre più innervosita, finché le disse che sarebbe stato meglio se avesse avuto un lettino per sé. Apriti cielo!

Con questi problemi i genitori vennero da me. Come potevano fare a far accettare a Jasmin il lettino? Ritenevo che il momento fosse il più sfavorevole, poiché avremmo dovuto provvedervi già prima che arrivasse il fratellino. Adesso Jasmin credeva che sarebbe stata "bandita" a causa del suo arrivo. Tuttavia una soluzione andava trovata. La mia raccomandazione fu che si cercasse di fare in modo che Jasmin accettasse volentieri un letto proprio, che non doveva esserle imposto. Doveva andare a trovare le sue amiche per vedere le loro camerette e iniziare ad apprezzare il fatto di "essere grande" (senza che le venissero meno le tenerezze da parte dei genitori, affinché non credesse che il fratellino ne riceveva più di lei). La madre poteva per esempio dirle: «I bambini che dormono ancora con i genitori non possono andare a danza. Non appena sarai grande abbastanza ti iscriveremo a una scuola di balletto». Jasmin doveva scegliersi da sola il proprio letto in un mobilificio e anche lenzuoli e coperte con i disegni che preferiva. Poteva portare con sé a letto i propri animali di pezza a farle compagnia (in psicologia si parla di oggetti transizionali). Con l'aiuto di uno spago poteva collegarsi al lettone: un capo era in mano a lei, l'altro alla madre, e ogni volta che lei aveva bisogno poteva tirarlo. Non doveva mai andare a letto da sola, ma sempre accompagnata da un genitore, che le leggesse una storia, dicesse con lei una preghiera e sedesse presso al lettino finché non si fosse addormentata.

Detto fatto. Con queste raccomandazioni Jasmin fu ben presto orgogliosa del fatto che non era più una bambina piccola, accettò con contentezza il suo nuovo lettino e si sentì amata come e più di prima.

Dopo circa un anno la famiglia tornò da me, perché Jasmin voleva di nuovo tornare nel lettone. Non poteva essere colpa del fratellino, che nel frattempo già dormiva nel suo lettino. Lei aveva ora paura della guerra e dei fantasmi. Che si poteva fare?

La mia raccomandazione fu di prendere sul serio le paure della bambina. A quest'età i bambini sono sempre nella fase magica, la fantasia lavora ancora potentemente e il pensiero critico per i contesti reali è solo debolmente sviluppato; non riescono ancora a distinguere chiaramente fra sogno e realtà ed è compito dei genitori aiutarli a rimuovere le paure che eventualmente i sogni procurano loro. Il bambino più grande deve anche sapere che se di notte entra nel lettone disturba il sonno dei genitori. Essi devono perciò dirgli: «Mi disturbi, Jasmin. Vorrei dormire in pace e tu lo sai. Se però hai paura, allora ti aiuterò. Ti terrò così stretta che nessun fantasma potrà vederti; quando però ti sentirai troppo stretta vorrà dire che non hai più bisogno di aiuto. Fammelo capire e io ti lascerò andare nel tuo lettino, dove non avrai più paura».

Anche questa raccomandazione funzionò. Quando la madre le fece il discorso qui sopra riportato, lei lo accolse bene e, in effetti, dopo pochi minuti cominciò a sentirsi stretta e accaldata, si lamentò del sudore e volle essere lasciata libera dall'abbraccio. Quando la madre la mise di fronte all'alternativa: nel lettone abbracciata stretta o nel lettino, preferì quest'ultimo.

Secondo la mia esperienza il 95% dei bambini è indotto a dormire da questo metodo. Il rimanente 5% è oggetto di altre preoccupazioni. Se il bambino grande preferisce la costrizione nel lettone alla libertà nel lettino, allora si tratta di paure davvero notevoli, da trattare secondo le loro cause. Un aiuto psicoterapeutico è in questi casi necessario sia al bambino che alla famiglia: le paure notevoli del bambino segnalano che nella famiglia non tutto è a posto.

Che posso dirvi alla fine di questo libro? Se mettendo in pratica questi consigli avrete notti tranquille, magari penserete a fare altri bambini.

Bibliografia

Hellinger Bert, *Ordnungen der Liebe. Ein Kursbuch* [Ordinamenti dell'amore. Un manuale], Heidelberg 2000[6].

Kirkilionis Evelin, *Ein Baby will getragen sein. Alles über geeignete Tragehilfen und die Vorteile des Tragens* [Un bambino vuol essere trasportato. Tutto su come trasportarlo e i vantaggi del trasporto], Monaco 2000[4].

Leboyer Frederick, *Sanfte Hände. Die traditionelle Kunst der indischen Baby-Massage* [Mani delicate. L'arte del massaggio indiano tradizionale], Monaco 1997[16].

Liedloff Jean, *Auf der suche nach dem verlorenen Glück. Gegen die Zerstörung unserer Glücksfähigkeiten in der frühen Kindheit* [Alla ricerca della felicità perduta. Contro la distruzione delle capacità di essere felici nella prima infanzia], Monaco 2001.

Lothrop Hannah, *Das Stillbuch* [Il libro dell'allattamento], Monaco 1999[24].

Montessori Maria, *Il segreto dell'infanzia*, Milano, Garzanti, 1999[16].

Prekop Jirina, *Der kleine Tyrann. Welchen Halt brauchen Kinder?* [Il piccolo tiranno. Di quale atteggiamento hanno bisogno i bambini?], Monaco (ed. ampliata) 1997[18].

Prekop Jirina, *Hättest du mich festgehalten... Grundlagen und Anwendung der Festhalte-Therapie* [Se mi avessi abbracciato... Fondamenti e utilizzo della terapia dell'abbraccio], Monaco 1995[5].

Prekop Jirina / Schweizer Kristel, *Unruhige Kinder. Ein Ratgeber für beunruhigte Eltern* [Bambini irrequieti. Un manuale per genitori inquieti], Monaco 1994[3].

Prekop Jirina / Schweizer Kristel, *Kinder sind Gäste, die nach dem*

Weg fragen. Ein Elternbuch [I bambini sono ospiti che chiedono la strada. Un libro per i genitori], Monaco (ed. ampliata) 2001.

Schweizer Kristel / Prekop Jirina, *Was unsere Kinder unruhig macht... Ein Elternratgeber: Aufklärungen über Ursachen der Hyperaktivität, Empfehlungen zur Förderung der normalen Entwicklung* [Cosa rende irrequieti i bambini... Un manuale per i genitori: spiegazioni delle cause dell'iperattività, raccomandazioni per uno sviluppo normale], Stoccarda 1997[2].

Weber Gunthard (a cura di), *Zweierlei Glück. Die systemische Psychotherapie Bert Hellingers* [Felicità di due tipi. La psicoterapia sistemica di Bert Hellinger], Heidelberg 2000[13].

NELLA STESSA COLLANA

Alaimo C., *I bambini ci insegnano*, 2002, pp. 96.

Alaimo C., *Alla scuola dell'alleanza. Storie del mondo dell'infanzia*, 2002, pp. 96.

Crispiani P., *Andar per fiabe. Alla ricerca dell'immaginario perduto*, 1989[1], pp. 136.

De Clario C., Donegani G., *Una fame da... tigre. Impariamo insieme a nutrirci in modo corretto*, 2002, pp. 96.

De Clario C., Donegani G., *Percorso di educazione alimentare per il secondo ciclo della scuola elementare*, 54 schede, 2002.

Dal Maso Piccoli C., *Come i cerchi nell'acqua. Vivere per l'handicap*, pp. 128, 1986.

Davis R., *Il dono della dislessia. Perché alcune persone molto intelligenti non possono leggere e come possono imparare*, trad. di Franco L., 2002[3], pp. 238.

Delacato C. H., *Quando è difficile imparare a leggere. Guida per i genitori*, trad. di P. Massimi, 1999[8], pp. 224.

Doman G., *Come moltiplicare l'intelligenza del vostro bambino*, trad. di A. P. Frassi, A. Costantino, M. P. Lincati, 1995[4], pp. 352.

Doman G., *Che cosa fare per il vostro bambino cerebroleso*, introd. di R. Veras, trad. di C. Dal Maso, 1999[10], pp. 320.

Doman G., Doman J., Aisen S., *Come sviluppare nel tuo bambino l'amore per la conoscenza*, trad. di A.P. Frassi e S. Nerolini, 2000, pp. 160.

Doman G., *Leggere a tre anni. I bambini possono, vogliono leggere*, trad. di L. Capogrossi, f.to 12x18, pp. 152.

Doman G., *Leggere a tre anni. I bambini possono, vogliono leggere*, trad. di L. Capogrossi, 1998[27], pp. 152.

Doman G., Doman D., Haghy B., *Come insegnare al vostro bambino ad essere fisicamente splendido*, trad. di A.P. Frassi e P. Catarsi, 1992, pp. 320.

Doman G. - Doman J., *Imparare la matematica a tre anni. La rivoluzione gentile*, trad. di Arcadia, 1999[1], pp. 224.

Du Pasquier-Grall M. A., *Il lato buono dei mancini*, trad. di E. Cimino, 1991, pp. 192.

Fraiberg S. H., *Gli anni magici. Come affrontare i problemi dell'infanzia da zero a sei anni*, trad. di L. R. Patané, 2001[10], pp. 376.

Goebel W. - Glockler M., *La salute del bambino. Consigli medico pedagogici. Malattie. Condizioni per un sano sviluppo*, trad. di E. Zavattaro, 1997[2], pp. 400.

Good P., *Come aiutare i ragazzi ad aiutare se stessi*, a cura di K. Boze,1998[1], pp. 208.
Greenfield P. M., *Mente e media . Gli effetti della televisione, dei computer e dei video-giochi sui bambini*, trad. di M. C. Carbone, 1995[1], pp. 224.
Haefele B. - Wolf Filsinger M., *Chi ben comincia. I primi passi nella scuola materna*, 1998, pp. 80.
Hamelin M., *Raccontare una storia. Cinquanta racconti e tante idee*, trad. di G. Armando, 1973, pp. 144.
Harris M., *Capire i bambini. Dalla nascita a cinque anni*, trad. di A. Piontelli Mancia e A. Paganoni, 1999 nuova edizione, pp. 184.
Iavarone M., *Libera le tue ali. Il potere delle emozioni per la conoscenza e l'apprendimento*, 2002, pp. 176.
Lamontagne Y., *Essere genitori in un mondo impazzito*, trad. di L. Cicchetti, 2002, pp. 128.
Marzollo J., Lloyd J., *Giocare senza giocattoli. Idee gioco per genitori e maestri*, trad. di N. Ughi Tommasi, 1983[3], pp. 184.
Melton D., *Todd. Storia di un padre. Come una famiglia strappò il suo piccolo dal mondo dei bambini minorati*, trad. di A. Diana, 1980, pp. 176.
Mialaret G., *L'apprendimento della lettura*, trad. di G. Grasso-Magrin, 1996 II edizione, pp. 160.
Pourtois J. D., *Educare i genitori.* Come partecipare all'istruzione dei propri figli, trad. di L. Jacometti, 1988, pp. 232.
Rubin Z., *L'amicizia tra bambini*, introd. e trad. di L. Camaioni, 1998[1], pp. 160.
Silberman M.L. - Wheelan S.A., *Educare senza sentirsi in colpa.* Rapporti assertivi con i bambini, trad. di C.M. Carbone, 1997, pp. 240.
Smith H., *Bambini infelici. Quali le ragioni? Quali i rimedi?*, trad. di G. Parte, 2000, pp. 208.
Solomon N., *I bambini e la lettura.* Guida per genitori e insegnanti, 2002[1], pp. 128.
Tucker N., *Il bambino e il libro. Una esplorazione psicologica e letteraria*, trad. di C. Chiari, 1996, pp. 256.
Wild R., *Educare ad essere. Una scuola dalla parte dei bambini*, trad. di V. Zito, a cura di G. Honneger Fresco, 2000, pp. 288.
Winn M., *La droga televisiva*, trad. di S. Maddaloni, 1983[1], pp. 232.

Finito di stampare nel mese di marzo 2004
da Litograph srl - Roma